# 엄마, 오늘 뭐 입지?

# 엄마,
## 오늘
## 뭐
### 입지?

황윤숙 지음

동아일보사

관심은 있으나
선  뜻

시작하지 못하는 당신께

바느질은 자연스럽게 시작했어요. 대학에서 산업디자인을 전공하고 멋진 디자이너가 되는 게 꿈이었던 저는 결혼을 하며 무료한 시간을 보내고 있었습니다. 끝이 없는 집안일에 혼자 있는 시간이 많아지며 하루하루가 무의미하게 느껴졌지요. 그러다 우연히 집 앞에 있는 펠트 공방을 발견하고 '동네 사람들이랑 친해져보자'라는 생각으로 다니기 시작했어요. 사실 처음에는 공방이 무엇을 하는 곳인지 잘 몰랐어요. 주부들이 모여 바느질을 배우며 옷, 소품 등 생활에 필요한 것을 직접 만드는 곳이라는 정도만 알고 있었지요. 막상 다녀보니 사람들과 만나서 이야기도 하고 함께 시간을 보낼 수 있는 것이 매력적으로 다가왔어요. 쭈뼛쭈뼛한 저를 살갑게 맞아주고 챙겨주는 모습에 고마움과 즐거움을 느끼며 열심히 다녔지요. 남편 출근시키고 집안일을 끝내면 바로 공방으로 가 바느질을 했어요. 바느질은 생각보다 쉽지 않았어요. 워낙 꼼꼼하고 섬세함이 요구되는 작업이라 한 작품을 완성할 때까지 긴장을 풀지 않고 집중력 있게 해야 했지요. 하지만 하면 할수록 재미있고 매력적이었어요. 원단 조각이 모여 한 땀 한 땀 바느질로 새로운 작품이 탄생할 땐 정말 짜릿했지요. 그리고 어느새 제 꿈은 평생 바느질을 하며 사는 것으로 바뀌었어요. 지금은 매일 조금씩 '잊었던' 꿈을 이루며 살아가고 있지요.

그간 몇 권의 책을 출간하며 많은 사랑을 받았지만 정작 바느질을 처음 시작하는 사람을 위한 책은 만들지 못했어요. 관심은 있으나 선뜻 시작하지 못하는 분들에게 도움이 되는 책을 만들고 싶다는 생각을 늘 해왔거든요. 그 마음을 담아 시작한 이번 책 작업은 스스로에게도 큰 도전이었습니다. 공방 수업과 작업 등으로 바쁜 하루를 보내고 저녁에 아이들이 잠든 다음에야 책 작업을 시작했어요. 도안지에 선 하나 긋고 끝나는 날이 있는가 하면 두세 벌씩 만드는 날도 있었지요. 어떤 옷은 서너

벌을 만들고 나서야 마음에 드는 완성작이 나오고 또 어떤 옷은 한 번에 뚝딱뚝딱 만들어지기도 했습니다. 도안을 수십 번씩 수정하고 여러 책과 자료를 뒤적거리며 새로운 분야를 공부하기도 했지요. 수없이 밤을 새면서도 참 재미있었어요. 재봉틀 위로 원단이 스르륵~ 지나가면서 소매가 만들어지고 원피스 밑단이 정리될 때는 뿌듯하고 설레기까지 했지요.

너무 복잡한 도안이나 어려운 방법은 넣지 않았어요. 만들기 어렵고 제가 하기 싫은 걸 다른 이에게 권하고 싶지 않거든요. 무엇보다 단순한 도안과 기본 바느질법으로도 충분히 멋스러운 옷을 만들 수 있다는 걸 보여주고 싶었습니다. 저처럼 옷 만들기에 빠지고 싶은 초보자라면 한 도안으로 여러 종류의 원단을 사용해 여러 번 만들어보길 권합니다. 어떤 무늬와 색감이 어떤 도안에 잘 어울리는지, 원단의 신축성과 두께에 따라 어떻게 완성되는지 직접 해보지 않으면 알 수 없기 때문이에요. 그런 과정을 거치고 나면 옷장에 있는 기성복들이 새롭게 보이기 시작할 거예요. 뒤집어 박음선을 살피기도 하고 만드는 방법이 머릿속에 그려지게 되죠.

시작하는 걸 두려워하지 마세요! 이 책을 통해 '아, 여긴 이렇게 하는 거구나' 하고 몰랐던 바느질법을 익히며 한걸음 더 나아가는 계기가 되면 좋겠습니다. 아이에게 직접 만든 옷을 입혀보는 기쁨이야말로 바느질이 주는 가장 큰 선물이랍니다.

황윤숙

sewing
stylin

pants
blouse
trench coat

onepiece
bloomer

# CONTENTS

sewing + styling

# #3
간단하게 만들어 사계절 내내 입는
# ONEPIECE

# #4
하나쯤 꼭 있어야 할
# ACCESSORIES

# #
# SEWING NOTE

# #1

센스 있게 따스하게 레이어드하는

## TOP+OUTER

Daily Item 01

# 둥근칼라 블라우스

둥그란 칼라와 잔꽃무늬가 사랑스러운 블라우스예요.
칼라 부분만 흰색 원단으로 만들어서 깔끔하고 세련돼 보이죠.
7부 소매와 깔끔하게 떨어진 뒤쪽 단추여밈까지!
어느 부분 하나 흠잡을 데 없는 홈메이드 블라우스를 만들어봐요.

» how to make **118**

**STYLING** *point.*

잔꽃무늬 블라우스에는 심플한 하의가 잘 어울려요.
패턴이 없는 화이트나 블루 계열로
깔끔하면서 귀여운 스타일을 완성해주세요.

**SEWING** *point.*

칼라에 접착심지를 붙여 형태를 잡고
네크라인에 올린 뒤
그 위에 바이어스를 올려 박아요.

# 프릴칼라 블라우스

사랑스러운 프릴칼라의 루즈핏 블라우스예요.
원하는 기장으로 도안을 늘리면 원피스로도 만들 수 있어요.
칼라 주름 중간에 리본을 덧달아주는 것도 굿아이디어!
여성스러운 프릴칼라가 시선을 사로잡아요.

» how to make **124**

frill collar

**SEWING** *point.*

주름 부분에 넣는 밴드의 길이를 조절하면
주름 모양을 바꿀 수 있어요.
프릴칼라 끝 시접을 얇게 박아줘야
주름이 자연스럽게 생겨요.

블라우스가 루즈핏이니 하의는 비교적
타이트하거나 짧은 것을 택하세요.
패턴이 없는 심플한 하의와
매치하면 블라우스가 더욱 돋보여요.

Lovely
layered

# 스트라이프 티셔츠(For kids)

가장 기본적인 형태의 스트라이프 티셔츠예요.
어디에나 잘 어울리면서도 세련돼 보여 데일리룩으로 그만이죠.
엄마랑 아이가 커플룩으로 입어도 좋아요.

» how to make **128**

## STYLING *point.*

스트라이프 티셔츠는 어떤 옷과 매치해도 멋스러워요.
아주 깔끔하고 심플하게 입고 싶다면 블랙이나 화이트 컬러의 하의를 선택하세요.
컬러풀한 스커트나 청바지와 함께 입어도 잘 어울려요.

## SEWING *point.*

겨드랑이 부분을 박을 때 몸판의 앞판과 뒤판 시접을 엇갈리게 넘겨야
그 부분만 두꺼워지는 걸 막을 수 있어요.

# 세인트 티셔츠(For moms)

컬러와 소재에 따라 다양한 분위기를
연출할 수 있는 세인트 티셔츠. 특히 여름에
가장 사랑받는 패턴 중 하나지요.
어디에나 잘 어울려 코디하기 쉽고
심플한 스타일에는 포인트 역할을 해요.

» how to make **128**

# 화이트 카디건

활용도가 높은 기본 아이템 카디건!
어떤 옷에도 잘 어울리는 흰색 니트 원단으로 만들었어요.
차분한 베이식 스타일을 연출하고 싶다면 한 가지 색상의 원단으로만 만들고
캐주얼하면서 발랄한 느낌을 주고 싶다면
앞여밈에 화사한 컬러의 패턴이 들어간 원단을 덧대요.

» how to make **121**

**STYLING** *point.*

카디건은 겉에 가볍게 걸칠 수도 있고 속에 받쳐 입을 수도 있어요.
단추를 다 채워 입으면 중앙의 꽃무늬 원단이 더욱 돋보이죠.
캐주얼한 하의와 매치해 발랄하게 연출해주세요.

**SEWING** *point.*

시보리 원단은 몸판의 밑단보다 짧게 재단한 뒤
당겨서 밑단에 맞춰 바느질합니다.
밑단이 살짝 조이게 만들어줘요.

# 우비 망토

방수 기능을 갖춘 망토는 우비뿐 아니라 바람막이로도 활용할 수 있어요.
가운데 밑단이 좀 더 내려오는 형태로 만들어야
강한 비바람이 불어도 뒤집어지지 않아요.
앞여밈 스냅단추는 일정한 간격으로 밑단까지 꼼꼼하게 달아요.

» how to make **130**

Rain
raining ✳ ✳
 ✳ ✳
 ✳

**STYLING** *point.*

우비로 입을 땐 역시 장화가 딱이죠!
화려한 색의 우비에는 어두운 컬러에
작은 패턴이 들어간 장화를 매치하세요.
장화 속에 종아리까지 올라오는 니트 양말을 신으면
걸을 때마다 살짝 보이는 양말이 포인트가 돼요.

**SEWING** *point.*

모자 테두리 박음질은 최대한 촘촘히 하세요.
모자를 자주 썼다 벗으면 실이 풀리고
모자가 축 늘어져요.

Daily Item 07

# 오렌지빛 망토

아침저녁 쌀쌀할 때 간편한 외투가 필요하다면 망토가 딱이에요.
입고 벗기 쉽고 팔을 움직이기 편해서 아이들이 좋아해요.
단색의 겉감에 자잘한 꽃무늬 안감을 덧대면 움직일 때
살짝살짝 보이는 꽃무늬가 포인트가 되죠.
팔 부분이 분리되도록 밑단 양쪽에 단추를 달았어요.

» how to make **130**

**SEWING** *point.*

몸판 겉감과 안감 사이에 모자를 집어넣고
네크라인에 잘 맞춘 뒤 겹쳐 박아요.

**STYLING** *point.*

무채색이나 어두운 칼라의
에이라인 스커트에 부츠나 워커를
매치하면 따뜻하고 멋스러워요.

# 트렌치코트

아이들 옷장에 꼭 하나쯤 갖춰야 할 트렌치코트예요.
칼라 앞부분은 V넥 형태로 만들고 뒤쪽은 넓고 둥글게 디자인했어요.
주머니를 덧달거나 길이를 길게 제작하면 또 다른 분위기의 트렌치코트가 탄생해요.

» how to make **134**

**STYLING** *point.*

트렌치코트는 어떤 옷에도 잘 어울리는
베이식 아이템이죠. 청바지와 워커 같은
캐주얼한 아이템과 코디해보세요.
스트라이프 티셔츠를 받쳐 입고 단추를 풀어주면
프렌치 스타일로 연출할 수 있어요.

**SEWING** *point.*

칼라와 안단을 겹치는 순서에 유의해서
꼼꼼하게 박음질해요.

laugh cheerfully

# 누빔조끼

가볍게 덧입는 누빔조끼 하나 만들어두면
언제 어디서나 유용해요. 얇게 누빔이 되어 있는
원단을 사용하면 더욱 손쉽게 만들 수 있답니다.
바이어스로 감싼 형태, 겉감과
안감만으로 만든 형태 등 같은 도안으로
여러 가지 스타일을 만들어봐요.

» how to make **136**

**SEWING** *point.*

모든 둥근 부분의 시접에
가위집을 꼼꼼하게 넣어야
동글동글 귀여운 형태가 잘 표현돼요.

**STYLING** *point.*

이너웨어는 심플한 걸 택해요.
조끼의 색상과 비슷하지만
더 짙은 톤의 이너웨어를 입으면
조화로우면서 멋스럽겠죠!

## { 트렌치코트 }

아이어른 할 것 없이 유용한 아이템이 바로 트렌치코트예요. 이것만 있으면 환절기를 패
셔너블하게 보낼 수 있죠. 루즈핏으로 만들면 보다 다양한 아이템과 매치할 수 있어요.
조끼를 덧입어 셔츠 느낌을 주거나 허리에 벨트를 해 원피스처럼 연출할 수 있죠. 무난한
베이지색이라 코디하기도 쉬워요.

| DAY 1 | DAY 2 | DAY 3 | DAY 4 |
| --- | --- | --- | --- |

### 배기팬츠 + 셔츠

비슷한 베이지톤의 배기팬츠
를 입고 안에는 밝은 체크 원
단의 셔츠를 입어 생기를 더해
요. 셔츠가 보이게 트렌치코드
의 소맷단을 접으면 더 멋스러
워요.

\_

**STYLING ITEM**

048 page
주머니 달린 배기팬츠

### 누빔조끼 + 레깅스

트렌치코트 위에 누빔조끼를
덧입으면 따뜻하면서 색다른
레이어드 스타일을 만들 수 있
어요. 하의는 레깅스를 입어 활
동하기 편하게 해요.

\_

**STYLING ITEM**

036 page 누빔조끼
052 page 레깅스

### 레깅스 + 벨트

낙낙한 트렌치코트와 타이트
한 레깅스를 함께 입으면 밸런
스가 잡히면서 세련돼 보여요.
허리에 얇은 벨트를 둘러 더
슬림하게 연출해요.

\_

**STYLING ITEM**

052 page 레깅스

### 프릴칼라 블라우스 + 모자

화사한 프릴칼라가 트렌치코
트 네크라인 사이로 올라오게
코디해요. 여기에 주름치마를
받쳐 입고 붉은색 스타킹을 신
어요. 비슷한 핑크색 모자까지
쓰면 피크닉 갈 준비 완료!

\_

**STYLING ITEM**

018 page 프릴칼라 블라우스
088 page 패브릭 모자

## DAY 5    DAY 6    DAY 7

**멜빵 블루머**

체크무늬의 멜빵 블루머와 트렌치코트의
조합은 클래식함과 재미를 동시에 주는
아이템이에요. 둥근 블루머의 형태가 귀여
움을 더해줘요.

—
**STYLING ITEM**
054 page 멜빵 블루머

**스트라이프 티셔츠 + 청바지 + 머플러**

트렌치코트와 스트라이프 티셔츠를 함께
입으면 편하고 세련된 프렌치 스타일이
완성돼요. 청바지를 입고 머플러까지 두르
면 완벽하겠죠!

—
**STYLING ITEM**
022 page 스트라이프 티셔츠

**블랙진 + 나비넥타이**

트렌치코트는 격식 있는 장소에서도 자주
볼 수 있는 아이템이죠. 편한 블랙진과 티
셔츠 위에 트렌치코트만 걸쳐줘도 젠틀해
보여요. 여기에 나비넥타이까지 해주면 꼬
마신사로 변신 완료!

#2

# SKIRT+PANTS

Daily Item 01

# 체리 무늬 스커트(For kids)

가장 기본적인 형태의 주름 스커트예요.
안에 레이스 원단을 덧대 품을 더욱 풍성하게 만들었어요.
아이의 키에 맞춰 길이를 재단한 뒤
허리밴드 부분만 단단히 고정하면 완성!
초보자도 쉽게 따라 할 수 있어요.

» how to make **140**

# 베이식 스커트(For moms)

엄마를 위한 스커트예요. 품을 넉넉하게 재단하고
허리에는 고무줄을 넣어 어디서든 편안하게
입을 수 있는 아이템이죠. 아이 스커트 도안을 보고
만들되 키에 맞춰 기장을 늘려주세요.

» how to make **140**

**STYLING** *point.*

둥근 네크라인의 카디건을 매치하면
더욱 사랑스러워요. 레이스 치마를 속에
받쳐 입고 플랫슈즈를 신으면
발랄한 소녀의 느낌을 연출할 수 있어요.

**SEWING** *point.*

원단 2장을 겹쳐 옆선을 박을 때
한쪽 허리 부분에 고무밴드 넣을 구멍을 남겨주세요.

**STYLING** point.

패턴이 있는 원단을 사용했다면
상의는 심플한 디자인을 선택해요.
무난한 화이트나 치마 색과
보색이 되는 색상을 매치해도 좋아요.

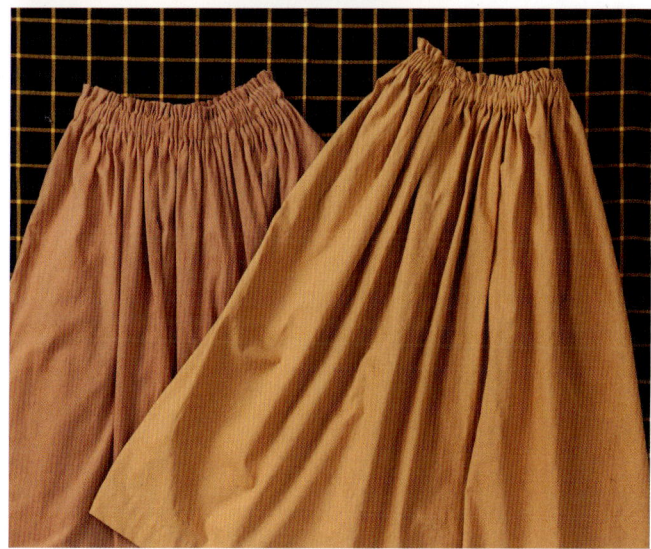

**SEWING** point.

허리 부분에 고무밴드를 끼운 뒤
양끝을 단단히 박아주세요.
늘어나거나 세탁할 때 뜯어질 수 있어요.

# 튜튜 스커트

특별한 날에는 더 특별해 보이게, 평소에는 포인트 아이템으로
연출할 수 있는 튜튜 스커트. 발레리나처럼 여성스러운 스타일로
여자아이들이 무척 좋아하죠. 허리밴드 위로 원단 끝이 살짝 올라오게 만들어요.
상의를 넣어 입었을 때 볼륨이 더욱 풍성해지면서 사랑스러워 보여요.

» how to make **142**

Girlish skirts

**SEWING** *point.*

허리밴드 위로 망사 원단이 보이게 겹친 뒤
밴드 부분을 바느질해요.

**STYLING** *point.*

두꺼운 스타킹을 신으면 추운 날씨에도 문제없어요.
허리밴드 위의 원단까지 보이도록
상의를 치마 속으로 넣어서 입어요.

Big
POcket

# 주머니 달린 배기팬츠

가랑이가 넓고 처진 느낌의 배기팬츠를 만들어요.
블루머 만드는 방법을 기본으로 제작하되 앞부분에 큰 주머니를 달아
더욱 고급스럽고 개성있는 스타일로 변형했어요. 밑단 안쪽에
꽃무늬 원단을 겹쳐 박고 밑단을 접으면 보이는 꽃무늬가 포인트!
앞·뒤 구분 없이 자유롭게 입을 수 있어요.

» how to make **144**

**STYLING** *point*.

베이지색의 배기팬츠는 어떤 옷에도 무난하게 잘 어울려요.
꽃무늬 포인트와 비슷한 색상의 상의 혹은 양말로 조화를 이루세요.

**SEWING** *point.*

주머니 아랫부분을 둥글게 만들기 위해
홈질 후 실을 당기면서 다리미로
꾹꾹 눌러요. 윗부분에는 단추를 달아
주머니가 밑으로 처지지 않게 잡아줘요.

Daily Item 05

# 레깅스

신축성이 있어 활동하기 편한 레깅스는 아이들의 필수 아이템이에요.
바지 밑단의 시접을 접어 넣지 않고 오버록스티치한 부분을
그대로 노출시키는 것도 나름의 멋이 있어요.
기본 레깅스에 레깅스와 같은 원단으로
스커트를 덧대어 치마 레깅스를 만들어도 좋아요.

» how to make **146**

가랑이 부분이 두꺼워지지 않게
시접을 엇갈리게 넘겨서 바느질해요.

**STYLING** *point.*

티셔츠와 매치해 편안한 바지로
입어도 좋고 치마나 반바지 속에
타이즈처럼 입어도 좋아요.

치마와 레깅스를 따로
입을 필요가 없는 치마 레깅스예요.
단독으로 입어도 충분히 스타일리시해요.

*skirt leggings* :)

# 멜빵 블루머

원단과 디자인이 독특하고 귀여운 멜빵 블루머예요.
블루머 앞부분에는 주름을 미리 넣어 박은 뒤
뒤쪽만 밴드를 넣어요. 어깨끈에는 단춧구멍을 여러 개 냈어요.
루즈핏 티셔츠를 입을 땐 어깨끈을 짧게 고정해
상의가 삐져나오지 않게 하고 타이트한 티셔츠와 코디할 땐
어깨끈을 길게 맞춰 볼륨감을 주세요.

» how to make **150**

**STYLING** *point.*

어두운 단색 티셔츠를 입고
멜빵 블루머를 덧입어요.
모노톤 컬러에 줄무늬나 패턴이 들어간
양말을 매치하면 더욱 발랄해 보여요.

really
cute

**SEWING** *point.*

허리 부분의 주름을 미리 일정하게
잡아서 상침하여 고정해요.

Daily Item 07

# 루즈핏 블루머

루즈핏으로 편하게 입는 블루머예요. 허리와 다리 부분에
고무밴드를 넣고 주름을 잡아서 볼륨을 풍성하게 만들어요.
부드러운 리넨 원단을 사용해서 아이 피부에도 좋고 활동하기에도 편해요.

» how to make **152**

Socks
layered

여름엔 단독으로 시원하게 입고
쌀쌀한 날씨엔 레깅스나 양말을 레이어드해
따뜻하면서 개성 있는 스타일을 연출해요.

**SEWING** *point.*

허리와 밑단 부분에 고무밴드를
넣을 자리를 비워놓고 바느질하세요.

**SEWING** point.

허리와 밑단 주름을
더 잡아서 바느질해도 좋아요.

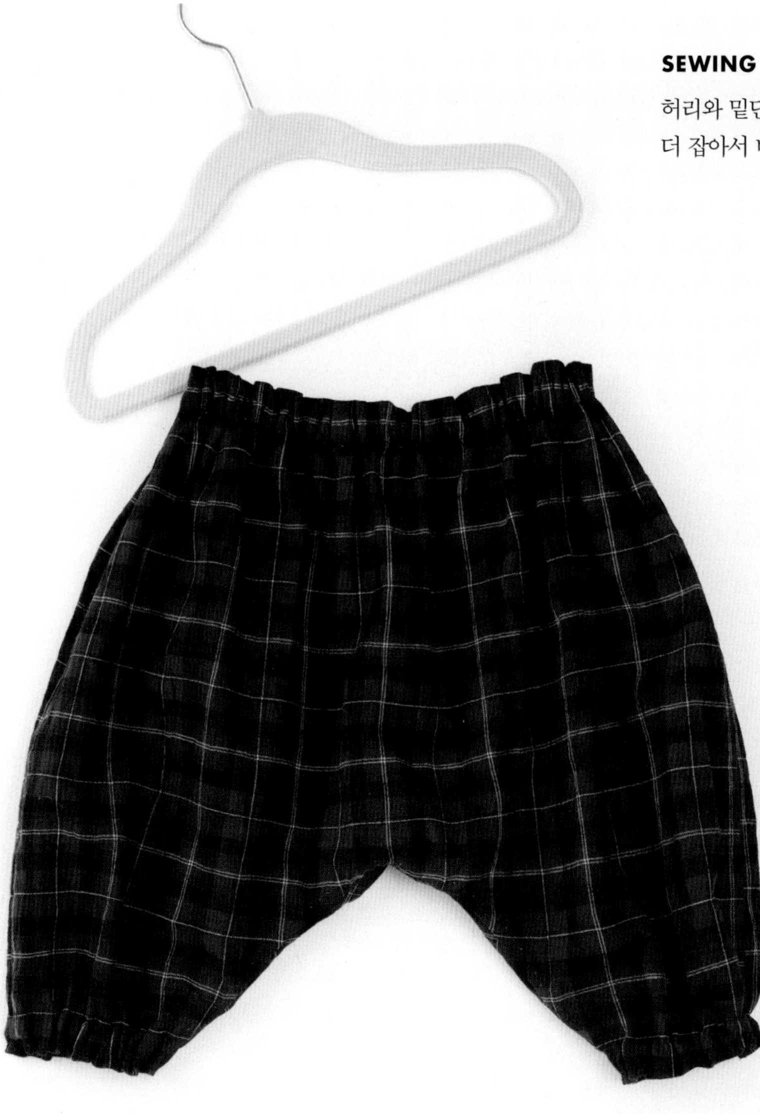

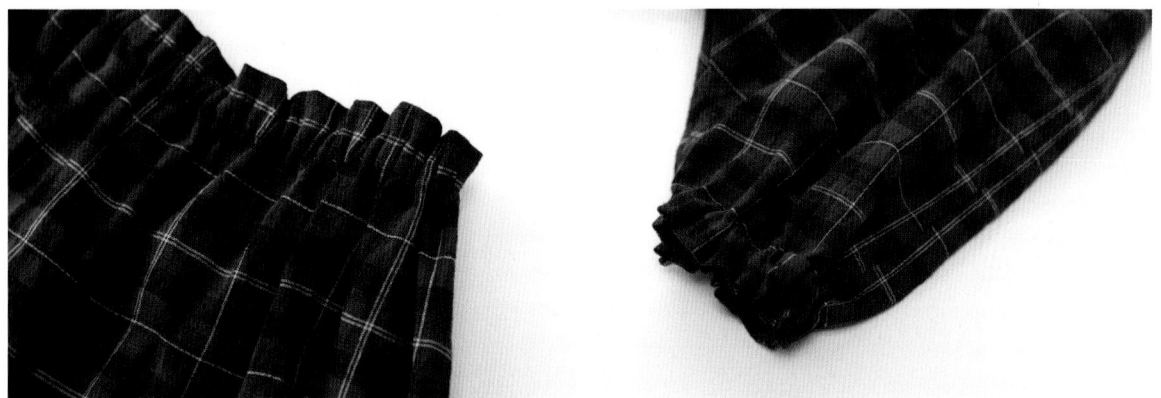

## { 루즈핏 블루머 }

안 입은 듯 편안하고 통풍도 잘되어 아이 옷장에 하나쯤은 가지고 있는 아이템이죠. 리넨, 코튼, 모직 등 다양한 원단으로 만들 수 있어요. 디자인이 내추럴해 보통 베이식 티셔츠나 니트에만 매치했을 텐데요. 블루머도 충분히 격식 있는 자리나 파티에서 입힐 수 있어요. 지금부터 그 방법을 소개할게요.

| **DAY 1** | **DAY 2** | **DAY 3** | **DAY 4** |

### 니트 + 롱베스트

블루머와 비슷하게 톤다운된 니트를 입고 롱베스트의 앞여밈을 열어 아우터처럼 걸쳐주세요. 차분한 느낌을 연출할 수 있어 격식 있는 자리에도 잘 어울려요.

–

**STYLING ITEM**
076 page 앞단추 원피스

### 나그랑 티셔츠 + 레깅스 + 머플러

어깨 부분에 절개선이 들어간 나그랑 티셔츠를 매치하면 내추럴하면서 센스 있어 보여요. 쌀쌀할 때는 레깅스를 받쳐 입고 머플러를 둘러요.

–

**STYLING ITEM**
052 page 레깅스
100 page 수술 달린 머플러

### 스트라이프 카디건 + 털모자

영원한 클래식, 스트라이프 패턴과 매치해요. 여기에 털모자를 쓰면 캐주얼하면서 개성 있는 스타일 완성!

### 원피스

무릎까지 내려오는 원피스에 블루머를 매칭하면 발랄한 느낌을 줄 수 있어요. 7부 기장의 블루머도 잘 어울려요.

–

**STYLING ITEM**
070 page 세일러칼라 원피스

## DAY 5

**캐릭터 티셔츠 + 멜빵**

기본 티셔츠에 멜빵만 달아주면 전혀 다른 느낌을 연출할 수 있어요. 요즘은 다양한 컬러와 디자인의 멜빵이 있으니 블루머에 어울리는 아이템을 잘 선택해 코디해보세요.

## DAY 6

**프릴 블라우스 + 목걸이**

허리에 프릴을 단 블라우스를 코디하면 블루머의 풍성함을 강조할 수 있어요. 코트를 걸치거나 목걸이를 매치하면 격식 있는 자리에도 잘 어울려요.

## DAY 7

**데님**

그레이, 블랙 등 어두운 블루머에는 데님이 잘 어울려요. 조끼, 재킷, 남방 등 데님 소재라면 모두 OK!

# #3

간단하게 만들어 사계절 내내 입는

# ONEPIECE

# 스카이블루 멜빵 원피스(For kids)

어깨끈 조절이 가능하고 허리에 고무밴드를 넣어
활동하기 편한 원피스를 만들어요.
나무단추를 허리 양옆에 달아 더욱 앙증맞죠.
캐주얼하면서도 소녀스러운 아이템이에요.

» how to make **154**

Braces
skirts

# 잔꽃 패턴 멜빵 원피스(For moms)

엄마를 위한 멜빵 원피스예요.
아이 멜빵 원피스 만드는 방법과 같지만
기장, 단추 등 디테일하게 변화를 줬어요.
셔츠, 니트, 원피스와 레이어드하기도 좋은 아이템이에요.

» how to make **154**

**SEWING** point.

스커트 앞쪽에 덧대는
앞 허리밴드 길이에 맞춰 주름을 잡아주세요.

**STYLING** point.

속에 받쳐 입는 티셔츠는
화이트나 그레이처럼 밝은 톤을 택해요.
추울 땐 레깅스를 받쳐 입어도 좋아요.

**STYLING** *point.*

안에 티셔츠를 받쳐 입고 청바지를 입으면
더욱 활동적인 스타일이 완성돼요.
스타킹이나 레깅스를 택하면
여성스러워 보이겠죠.

**SEWING** *point.*

엄마의 키에 맞춰 어깨끈을 조절해주고
올이 풀리지 않도록 단단히 박아요.

# 세일러칼라 원피스

오랫동안 사랑받는 디자인 중 하나인 세일러칼라 원피스.
데일리룩으로도 좋지만 격식을 갖춰야 할 장소에도 잘 어울려요.
네이비 니트 원단으로 기본에 충실한 원피스를 만들어보세요.

» how to make **157**

**STYLING** *point.*

앞·뒤를 바꿔 양면으로 입어도 좋아요.
검정 스타킹에 구두를 신으면
고급스럽고 단정한 느낌으로 연출할 수 있지요.
원피스 색이 어두워 밋밋해 보인다면
튀는 컬러나 패턴의 헤어 액세서리를 매치해요.

**SEWING** *point.*

가슴판, 칼라, 안단 순으로
정확히 겹쳐 네크라인을 박아요.

# 체크 무늬 원피스(For kids)

검정 체크 원단으로 만든 기본 원피스예요.
양옆에 주머니를 달고 목 뒷부분에
원단 고리 여밈을 해 포인트를 줬어요.

» how to make **162**

# 무지 원피스(For moms)

엄마의 데일리룩으로는 역시 심플한 게 최고죠.
리넨 원단으로 편하면서도 스타일리시한
원피스를 만들어봐요.

» how to make **160**

**SEWING** *point.*

뒤판과 안단 사이에 원단 고리를 끼우고
T자 형태로 박아 뒤쪽에 여밈을 만들어요.

**STYLING** *point.*

스타킹부터 신발까지 블랙 앤 화이트로 통일해서
깔끔하게 연출해도 좋고, 다른 컬러를 매치해 포인트를 줘도
재미있는 스타일이 완성돼요. 복잡한 패턴이 들어간
아이템은 피하는 게 좋아요.

**STYLING** point.

소매 끝을 살짝 접어 고무줄로 고정해
볼륨감을 줘요. 머플러나 스타킹 등
액세서리를 매치해도 좋아요.

**SEWING** point.

가슴 부분에 V 모양의 다트를 넣어 볼륨감을 살려요.

Black &
white

# 앞단추 원피스

기본 티셔츠나 블라우스에 덧입는 형태의 원피스로
약간 두께감이 있는 원단으로 만들어요.
특히 클래식한 체크 모 원단은 차분하면서
스타일리시해 보여 앞단추 원피스를 만들 때 자주 사용해요.

» how to make **165**

**STYLING** *point.*

심플한 티셔츠나 블라우스를 안에 받쳐 입어주세요.
혹은 단추를 풀어 외투 느낌으로 연출해도 좋아요.

SEWING point.

두 앞판의 윗부분 시접을
서로 대칭이 되도록 재단해요.

onepiece &
jacket

Daily Item 07

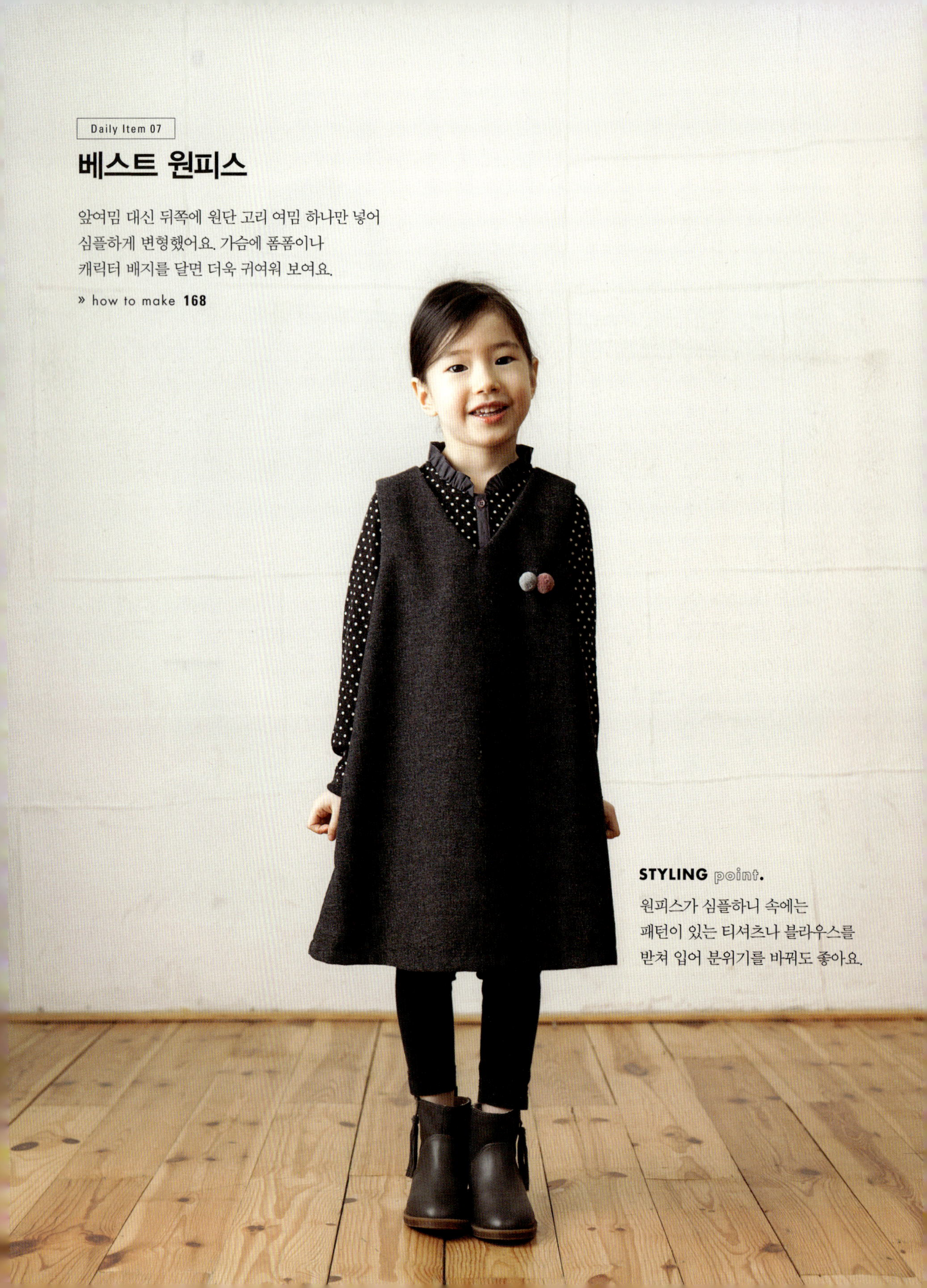

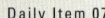

# 베스트 원피스

앞여밈 대신 뒤쪽에 원단 고리 여밈 하나만 넣어 심플하게 변형했어요. 가슴에 폼폼이나 캐릭터 배지를 달면 더욱 귀여워 보여요.

» how to make **168**

**STYLING point.**

원피스가 심플하니 속에는 패턴이 있는 티셔츠나 블라우스를 받쳐 입어 분위기를 바꿔도 좋아요.

뒷여밈용 원단 고리는 원피스와 같은
원단으로 미리 만들어놓아요.

Vest
onepiece

# 레이스 원피스

민소매 니트 아래에 레이스 원단을 연결한 레이스 원피스예요.
니트 소재로 만든 위쪽은 신축성이 있어 편안하고
아래 레이스 치마는 가볍고 통풍이 잘돼 한여름에 단독으로도 입을 수 있어요.

» how to make **170**

**SEWING** *point.*

얇은 니트 소재는 바이어스 연결을 한 뒤
끝을 겹쳐 박아요. 시접이 여러 겹 겹쳐
두꺼워지는 것을 막아줘요.

Lovely
layered

**STYLING** *point.*

추울 땐 위에 티셔츠나 니트를 덧입어요.
기장이 짧은 원피스를 위에 겹쳐 입어도
특별한 스타일을 연출할 수 있어요.

## { 레이스 원피스 }

순백의 레이스 원피스는 레이어드하기 좋은 아이템이에요. 매치하는 아이템에 따라 여러 가지 스타일로 변신할 수 있어 여자아이가 있는 집에 '강추'해요! 지금부터 소개하는 스타일링 방법을 따라 사계절 내내 다양하게 활용해보세요.

| DAY 1 | DAY 2 | DAY 3 | DAY 4 |

**청바지 + 후드 집업**

청바지를 받쳐 입고 후드 집업을 걸치면 캐주얼하면서도 여성스러워 보여요.

**니트 + 레깅스**

레이스 원피스 안에 니트와 레깅스를 받쳐 입으면 따뜻하고 개성 있는 스타일을 연출할 수 있어요.

—
**STYLING ITEM**
052 page 레깅스

**심플 원피스 + 화이트 카디건**

레이스 원피스 위에 또 다른 원피스를 겹쳐 입어요. 이때 밑단에 레이스가 보이게 입어야 새로운 스타일이 탄생해요.

—
**STYLING ITEM**
066 page
스카이블루 멜빵 원피스

**풀오버**

레이스 원피스 위에 풀오버 하나만 걸치면 간편하고 스포티한 룩 완성!

## DAY 5

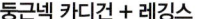

**둥근넥 카디건 + 레깅스**

기본적인 둥근넥 카디건을 걸치면 청순하
고 우아한 느낌을 낼 수 있어요. 레깅스까
지 받쳐 입으면 쌀쌀한 날에도 OK!

–
**STYLING ITEM**
024 page 화이트 카디건
052 page 레깅스

## DAY 6

**니트**

두텁고 편한 느낌의 단색 니트를 덧입어
요. 포근하면서 청순해 보여요.

## DAY 7

**가죽재킷 + 레깅스**

검정 가죽재킷과 레깅스로 블랙 앤 화이트
스타일을 만들어주면 시크한 느낌 완성!

**STYLING ITEM**
052 page 레깅스

# #4

하나쯤 꼭 있어야 할

# ACCESSORIES

Daily Item 01

# 패브릭 모자

패턴이 들어간 원단과 무늬가 없는 원단을 겹쳐 박아
양면으로 사용할 수 있는 모자를 만들어요.
넓은 챙이 달린 형태로 챙 부분엔 빳빳한 심지를 넣어
처지지 않게 해줍니다. 엄마가 쓸 수 있는 크기로도 만들어
피크닉 갈 때 커플 아이템으로 활용해보세요.

» how to make **172**

## STYLING *point.*

모자와 비슷한 색감의 옷을 매치해요.
무늬가 있는 모자를 쓸 때는
단색 옷을 입으면 모자가 포인트가 돼요.

Picnic
item

## SEWING *point.*

모자의 꺾이는 부분에 가위집을 넣어야
자연스러운 모양이 나와요.

# 헤어핀

작은 자투리 천으로 얼마든지 다양한 헤어핀을 만들 수 있어요.
타원형의 간단한 도안으로 통통한 나비를 만들어 핀대에 붙여주세요.

» how to make **174**

**STYLING** *point.*
심플한 원피스나 티셔츠를 입고
아기자기한 헤어핀 하나만 해주면
포인트가 되고 생기 있어 보여요.

**SEWING** *point.*
타원형의 정중앙을 홈질한 뒤
실을 당겨 나비 모양을 만들어요.

# 헤어밴드

꽃무늬 원단으로 크고 작은 리본을 만들어요.
자유자재로 구부러지는 공예용 와이어를 넣고
머리띠에 고정하면 토끼 같이 귀여운 헤어밴드가 완성돼요.

» how to make **176**

**STYLING** *point.*

구부러지는 리본이기 때문에
스타일에 따라 모양을
이리저리 바꾸며
재미있게 연출할 수 있어요.

**SEWING** *point.*

원단 안쪽에 심지를 붙여
도톰한 입체감을 주세요.

Daily Item 04

# 곰돌이 가방

아이들이 좋아하는 곰돌이 가방이에요.
곰 얼굴 형태로 디자인하고 양 옆선에 끈을 달아요.
이마를 올리면 가방이 열리는 형태로 곰돌이 표정이나
색을 바꿔 친구 생일 선물로 활용해도 좋아요.

» how to make **178**

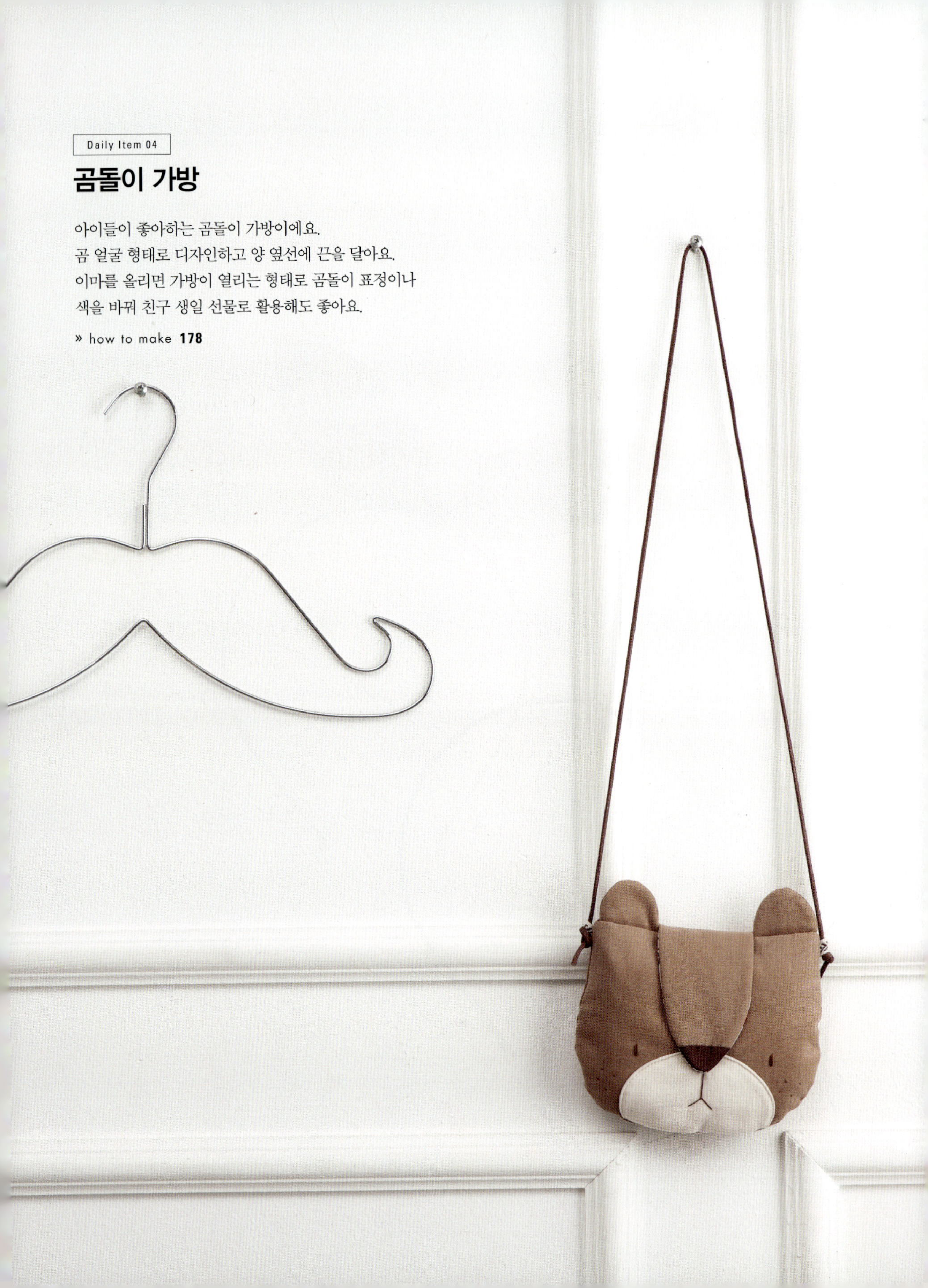

**SEWING** *point.*

얼굴 원단 사이에 양쪽 귀와 이마를 끼워
빙 둘러 박은 뒤 창구멍을 통해 뒤집어요.

**STYLING** *point.*

한쪽 어깨에 걸치거나 크로스로 메서 연출하세요.

Lovely
layered

# 캔버스 가방(For moms)

짐이 넉넉히 들어가고 편하게 들 수 있어 특히 어린아이가 있는
엄마들의 머스트 해브 아이템이죠. 심플한 디자인에
염색종이로 체리 무늬를 넣어 특별함을 더했어요.

» how to make **180**

# 크로스 가방(For kids)

엄마 가방과 세트로 만들어 함께
메면 좋은 아이 가방이에요.
크기는 작게, 끈은 길게 해서
아이가 크로스로 멜 수 있으면 더 편리하겠죠.

» how to make 182

**STYLING** *point.*

캐주얼한 복장에 가볍게 걸치면 심플하면서 멋스러워 보여요.

**SEWING** *point.*

바닥 부분의 모서리를 올려 박아
곡선 형태를 만들어줘요.

couple
bag

**STYLING** *point.*

가방과 비슷한 면 소재의 옷에 매칭해요.

**SEWING** *point.*

마지막에 윗부분 테두리를 상침질해서
겉감과 안감을 단단하게 고정해요.

# 앞치마

잔꽃 패턴 멜빵 원피스(67페이지)를 변형해 앞치마를 만들어요.
뒤판을 양쪽으로 오픈시키고 어깨끈을
허리밴드 끝의 단춧구멍에 넣어 여며주면 됩니다.

» how to make **184**

**STYLING** *point.*

끈을 좀 더 길게 만들어 허리를 한 번 더 감싼 뒤
앞에서 리본으로 묶어주면 사랑스러운 스타일이 완성돼요.

**SEWING** *point.*

단춧구멍 노루발로 허리밴드에 단춧구멍을 내요.
그 안에 뒤로 넘어온 어깨끈을 X자로 넣어
허리 부분에 고정합니다.

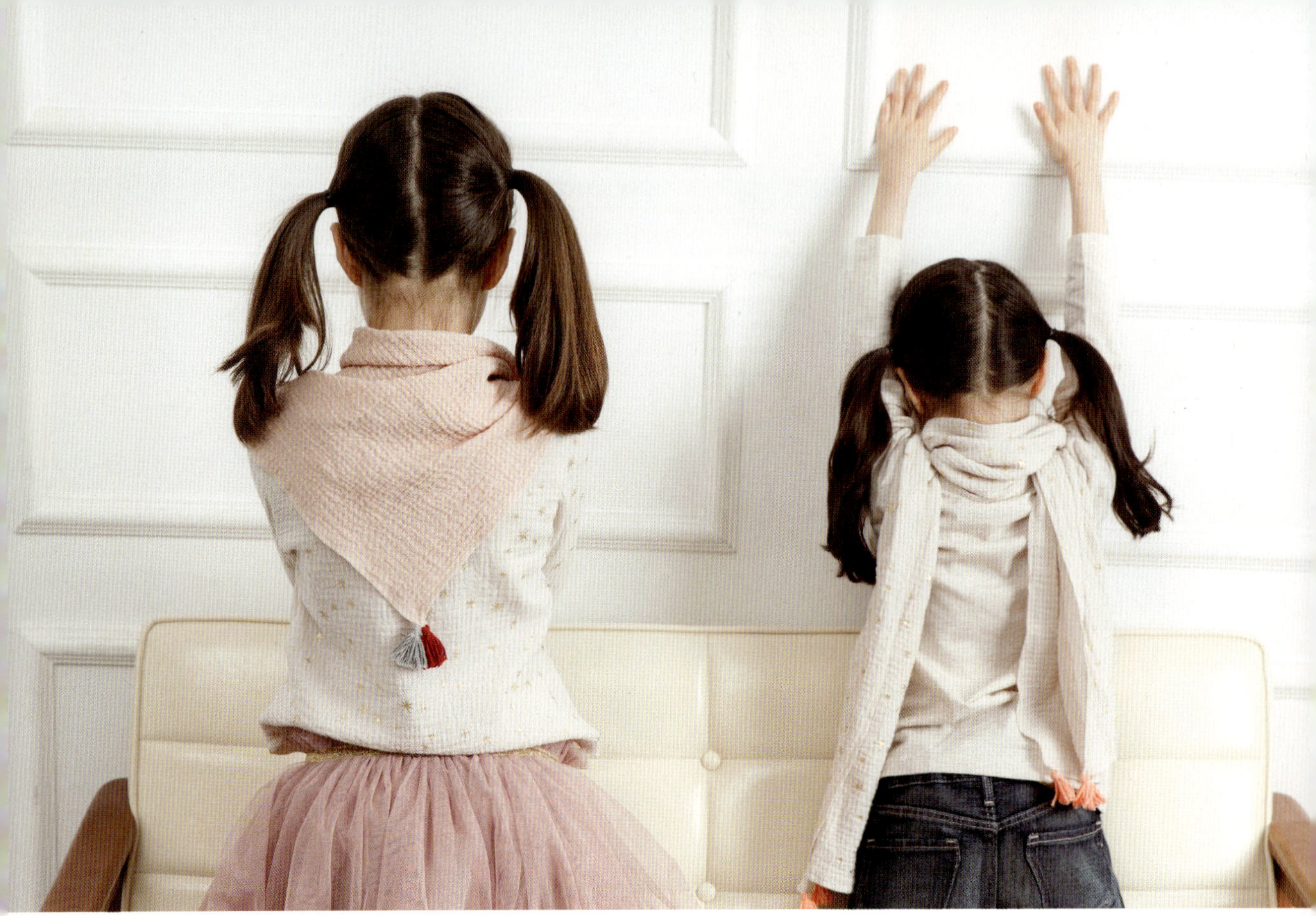

Daily Item 08

# 수술 달린 머플러

남은 긴 원단으로 간단하게 머플러를 만들어요.
가장자리는 오버록스티치하거나 말아박기로 간단히 마감하고
모서리나 가장자리에 태슬, 폼폼 등을 달아 포인트를 주세요.

» how to make **186**

**STYLING point.**

너무 깔끔하게 걸치는 것보다
대충 둘둘 말아 묶어주면 더 멋스러워요.
넓게 펴서 어깨에 걸쳐
숄처럼 활용해도 좋아요.

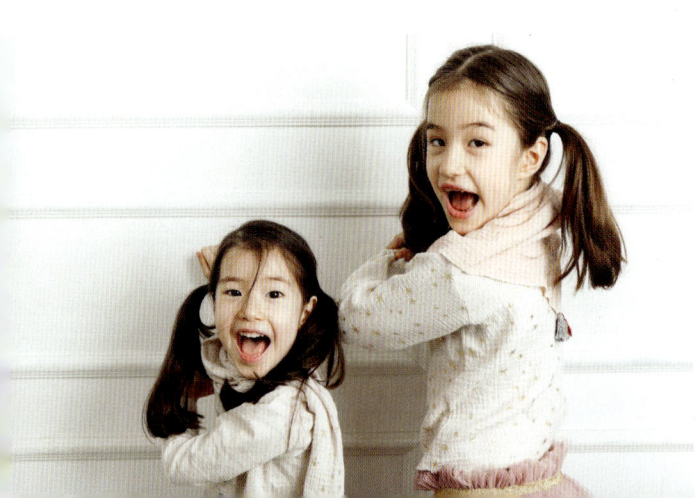

Daily Item 09

# 주름 넥케이프

목걸이처럼 네크라인 부분에 두르기만 해도
색다른 분위기를 연출하는 넥케이프.
주름을 만들고 리본을 묶으면 더욱 개성 있어요.

» how to make **188**

**STYLING** *point.*

단색 티셔츠나 원피스 위에
걸치면 포인트가 돼요.

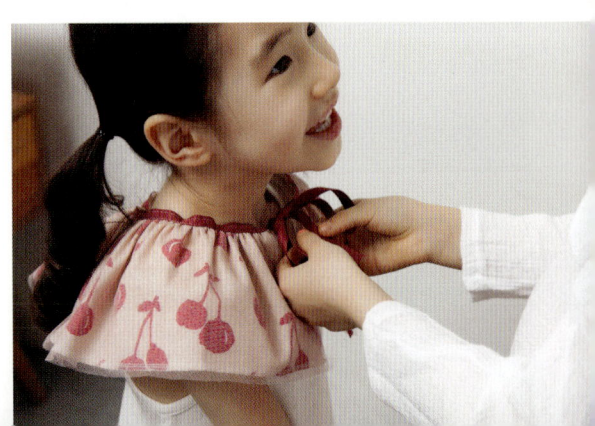

**SEWING** *point.*

목둘레는 아이가 입는 라운드티
네크라인에 맞춰 조절해요.

# 둥근칼라 넥케이프

자투리 천으로 쉽게 만들 수 있는 둥근칼라 형태의 넥케이프예요.
둥근칼라가 있는 블라우스나 원피스 위에 매치하면 포인트가 돼요.
리본끈을 길게 빼지 않고 네크라인에 맞춰 박은 뒤
스냅단추를 달아 깔끔하게 마무리해도 좋아요.

» how to make **190**

**SEWING** point.

넥케이프의 안쪽에 바이어스를 두를 때
15cm 이상 길게 빼서 리본을 묶어주세요.

**STYLING** point.

상의는 되도록 심플하면서 패턴이 없는 게 좋아요.
넥케이프에 들어 있는 색상을 선택해요.

### { 넥케이프 }

넥케이프는 목에 두르는 것만으로 다양한 스타일을 연출할 수 있는 아이템이에요. 밋밋
한 상의에도 넥케이프만 두르면 시선을 사로잡는 포인트가 되죠. 다양한 패턴의 원단을
사용해 넥케이프를 만들고 여러 아이템과 조합해 색다른 코디를 완성해보세요.

## DAY 1     DAY 2     DAY 3     DAY 4

**트렌치코트 + 멜빵 블루머**

멜빵 블루머 위에 트렌치코트
를 걸치고 비슷한 베이지톤의
칼라 넥케이프를 하면 귀공자
스타일 완성! 트렌치코트의 단
추는 다 채워야 깔끔해 보여요.

—
**STYLING ITEM**
032 page 트렌치코트
054 page 멜빵 블루머

**튜튜 스커트 + 티셔츠**

튜튜 스커트 위에 편한 티셔츠
를 입고 스커트와 어울리는 주
름 넥케이프를 둘러줘요. 생일
파티나 결혼식 등 특별한 날에
도 잘 어울려요.

—
**STYLING ITEM**
046 page 튜튜 스커트

**베스트 원피스**

단색 베스트 원피스에는 앙증
맞은 칼라 넥케이프를 둘러 포
인트를 줘요. 폭이 넓은 것보다
는 좁고 둥근 넥케이프를 매치
해야 세련되고 깔끔해 보여요.

—
**STYLING ITEM**
078 page 베스트 원피스

**화이트 카디건 + 배기팬츠**

기본 둥근 네크라인이 달린 화
이트 카디건에 칼라 넥케이프
를 두르면 사랑스러움이 배가
돼요. 배기팬츠를 입고 크로스
백까지 메면 나들이 룩으로도
안성맞춤!

—
**STYLING ITEM**
024 page 화이트 카디건
048 page
주머니 달린 배기팬츠

DAY 5　　　　　　　　DAY 6　　　　　　DAY 7

### 화이트 티셔츠 + 청바지

베이식의 대명사 화이트 티셔츠와 청바지
를 입히고 싶은 날이 있죠. 너무 밋밋해 보
이진 않을까 걱정된다면 화려한 프릴 넥
케이프 하나를 준비하세요. 목에 살짝 걸
치기만 해도 특별한 느낌을 줄 수 있어요.

### 레이스 원피스 + 카디건

새하얀 레이스 원피스에 칼라 넥케이프를
두르면 상큼하고 사랑스러운 룩을 연출할
수 있어요. 간절기에는 넥케이프와 비슷한
패턴이나 색상의 카디건을 덧입어요.

_
**STYLING ITEM**
080 page 레이스 원피스

### 체리 무늬 스커트 + 티셔츠

주름 넥케이프와 똑같거나 비슷한 원단의
주름치마와 심플한 티셔츠를 입으면 마치
원피스 위에 티셔츠를 입은 것처럼 조화
로워요.

_
**STYLING ITEM**
042 page 체리 무늬 스커트

# SEWING
## NOTE

손바느질을 시작하기 전 꼭 알아야 할 기초 이론과
앞서 소개한 아이템을 만들 수 있는 레시피를 공개합니다.
기본부터 확실히 마스터해 완성도 있는 아이템을 만들어봐요!

**❶ 쪽가위** : 박음질 후 실을 자르거나 실밥을 정리할 때 사용한다.

**❷ 시침핀** : 원단을 2겹 겹치거나 덧대어 재봉할 때 원단이 움직이지 않게 꽂아둔다.

**❸ 재단가위** : 원단을 재단할 때 사용하는 가위로 너무 무겁지 않고 가윗날 끝까지 재단되는 게 좋다. 원단 이외의 것을 자르면 날이 상하니 주의한다.

**❹ 손바느질용 실** : 창구멍을 막거나 단추를 다는 등 손바느질을 할 때 사용한다.

**도구와 재료**

Well, Well, Well

**❺ 재봉 바늘** : 재봉기에 끼워 사용하는 바늘. 신축성이 있는 원단이나 얇은 원단은 굵기가 가는 바늘 호수를 사용한다.

**❻ 밑실(재봉사)** : 재봉틀의 밑 가마에 끼워 쓰는 실이다. 전용 보빈에 감아 사용한다.

**❼ 손바느질용 바늘** : 손바느질할 때 사용하는 바늘로 두께가 얇은 게 사용하기 편리하다.

**❽ 재봉실** : 재봉틀에 사용하는 실로 원단과 같거나 비슷한 색을 사용한다. 잔털이 적은 실이 좋다.

fabric

**⑨ 원단** : 계절에 맞는 원단을 사용하며 만들기 전에 미리 세탁해둔다. 원단의 식서 방향을 확인하고 반듯하게 펴서 사용한다. 주름이 심하면 미리 다림질로 펴놓는 게 좋다.

**⑩ 실뜯개(리퍼)** : 단춧구멍이나 재봉된 실을 뜰 때 사용하는 칼날이 달린 재단도구.

**⑪ 초자고펜** : 흰색 초크펜으로 어두운색 원단에 도안을 그릴 때 사용한다.

**⑫ 차코펜** : 밝은색 원단에 도안을 그리는 갈색 또는 파란색 펜.

# 기초 바느질법

**사이즈표**

**[ 어린이 ]**

| 키 | 가슴둘레 | 허리둘레 | 엉덩이둘레 |
|---|---|---|---|
| 100 | 54 | 49 | 57 |
| 110 | 58 | 51 | 60 |
| 120 | 62 | 53 | 64 |
| 130 | 66 | 55 | 68 |

**[ 엄마 ]**

| 사이즈 | 가슴둘레 | 허리둘레 | 엉덩이둘레 |
|---|---|---|---|
| S | 79 | 63 | 86 |
| M | 83 | 67 | 90 |
| L | 87 | 71 | 95 |

**원단 손질**

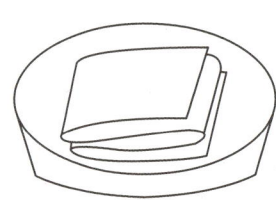
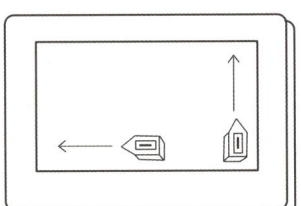

먼저 미온수에 담가 세탁한 뒤 탁탁 털어 건조한다.
씨실, 날실 방향으로 다림질해 원단에 삐뚤어진 곳이 없게 잡아준다.

**도안 그리기**

❶ 원하는 작품의 사이즈를 체크한다.
❷ 원단 안면 위에 식서 방향을 확인한 뒤 비치는 도안지를 올린다.
❸ 시침핀, 문진 등으로 움직이지 않게 고정한다.
❹ 초크나 패브릭용 펜으로 도안선을 그린 뒤 표시된 시접 사이즈대로 시접선을 그린다.
❺ 원단을 깔아놓고 가위가 바닥에 닿게 재단한다.

**시접 그리기**

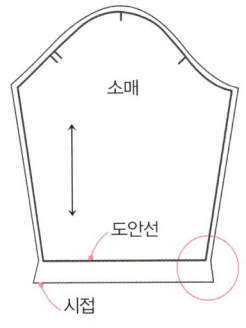
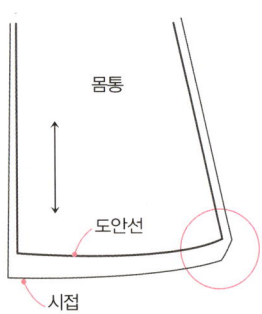

소매나 몸판, 스커트의 밑단처럼 폭이 넓어지거나 좁아지는 부분은 시접을 안으로 접었을 때
폭이 일치하도록 대칭으로 그린다. 그린 시접선을 그대로 접어서 재단한다.

**바이어스 테이프 만들기**

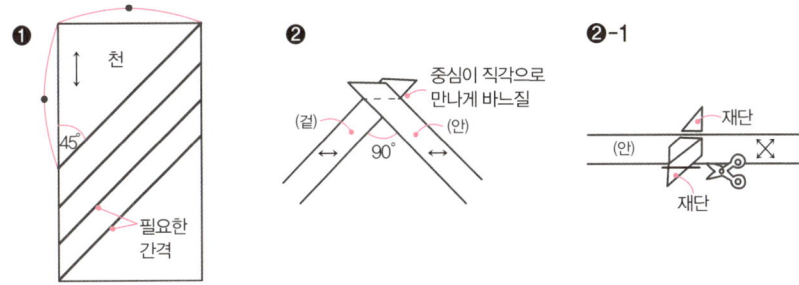

**❶ 사선 바이어스의 경우**

원단의 직조 방향에서 45도 각도로 기울어지게 그린다.

**❷ 바이어스를 길게 연결할 때**

2장을 겉면끼리 맞닿게 90도 각도로 겹쳐놓고 직선으로 박아준 뒤
펼쳤을 때 양옆으로 나오는 시접을 잘라낸다.

**마감 처리하기**

안감을 덧대는 방식이 아니라서 대부분 시접이 안쪽에 노출되기 때문에 시접의 올이 풀리지 않도록
마감처리를 해야 한다. 이 책에서는 모두 오버록스티치를 하도록 설명해놓았으나
일반 재봉기의 지그재그스티치로 마감해주어도 된다.

**단춧구멍 만들기**

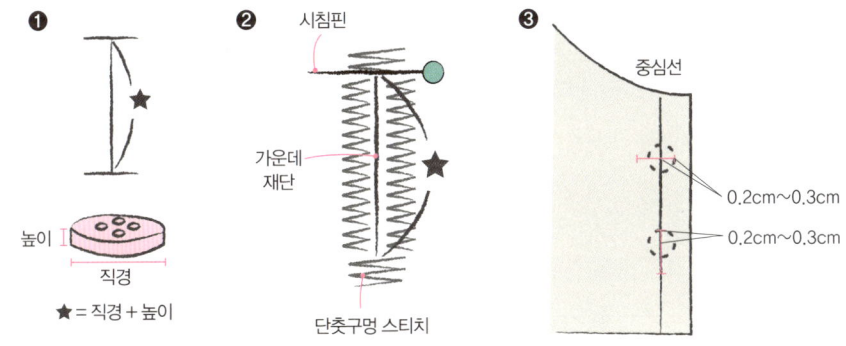

**❶** 단춧구멍 안쪽 길이는 사용할 단추의 직경과 높이를 더한 사이즈다.
**❷** 단춧구멍 노루발을 재봉기에 끼워 사이즈에 맞게 스티치를 넣는다.
구멍이 시작하는 부분에 시침핀을 끼워 커터나 가위로 자른다.
**❸** 가로형 단춧구멍은 끝에서 0.2~0.3cm 안쪽에 만들고
세로형 단춧구멍은 단추 중심에서 0.2~0.3cm 아래쪽에 만든다.

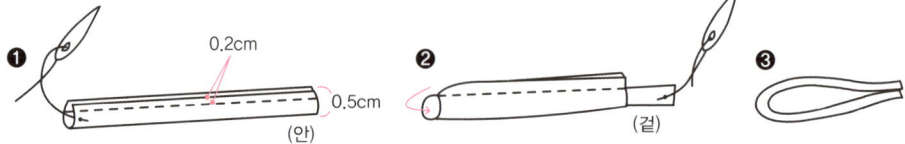

옷의 뒷여밈에 사용하는 원단 고리는 옷과 같은 원단으로 만든다.

❶ 1cm 폭의 원단을 길게 반 접어 위에서 0.2cm 위치를 박는다.

❷ 바늘에 실을 끼워 한쪽 끝을 한두 땀 떠준다. 접은 원단 구멍 속으로 바늘귀부터
거꾸로 집어넣어 쭉 당기면서 천이 함께 끌려 들어가도록 한다.

❸ 한쪽 천 끝이 반대편 구멍으로 나오면서 겉면이 보이게 뒤집어준다.

## 주름 넣기

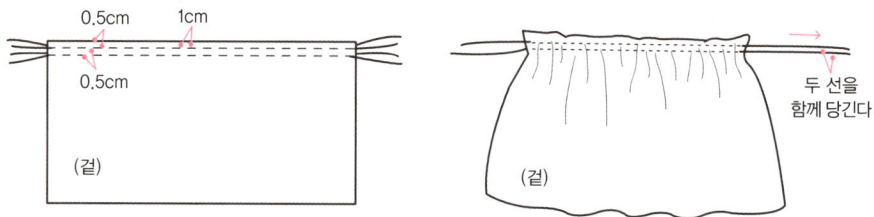

주름을 넣어야 하는 부분의 도안선에서 0.5cm 정도 떨어진 위치에 큰 땀으로 직선박기를 2줄 한다.
이때 시작한 위치와 마무리한 위치는 되박지 않고 실을 길게 빼놓는다. 필요한 사이즈에 맞춰 실을 당긴다.

## 원피스에서 주름 넣어 연결하기

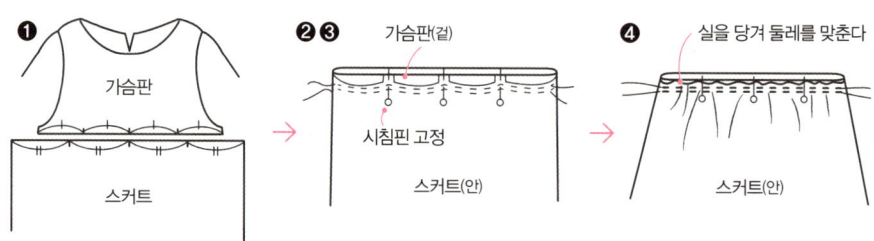

❶ 연결해야 할 부분을 같은 등분으로 분할해 표시한다.

❷ 스커트의 도안선 아래로 듬성듬성 2줄로 홈질하고 실 끝은 길게 남긴다.

❸ 가슴판을 뒤집어 스커트와 겉면끼리 맞닿게 겹쳐놓고 등분한 곳을 시침핀으로 고정한다.

❹ 스커트의 홈질한 실을 당겨 가슴판 둘레에 맞춰놓고 도안선을 박음질한다.

**소매산이 높을 때**(재킷, 블라우스)

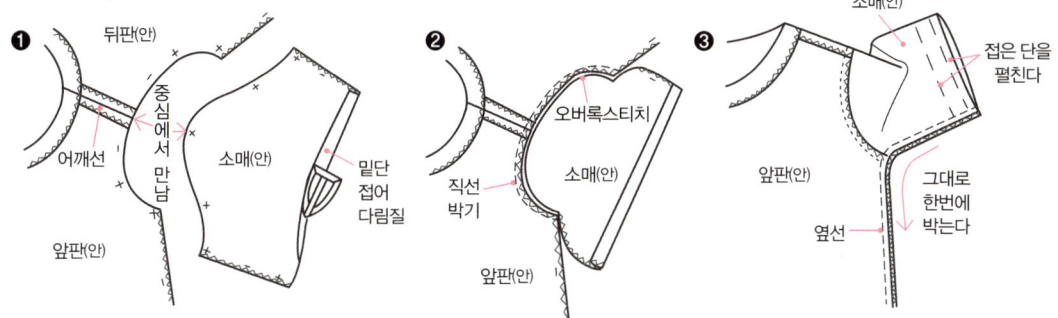

❶ 앞·뒤판을 펼친다. 진동둘레에 소매 겉면이 맞닿게 겹쳐놓고 시침핀으로 고정한다.

    Tip. 소매 밑단을 미리 접어 다림질해놓으면 편해요.

❷ 진동둘레를 따라 박음질한 뒤 오버록스티치한다.

❸ 어깨선에 맞춰 앞·뒤판과 소매를 접는다. 소매 옆선과 몸판 옆선을 이어 박는다.
이때 앞·뒤판 겨드랑이 시접은 엇갈리게 넘겨 박는다.


**소매산이 낮을 때**(셔츠)

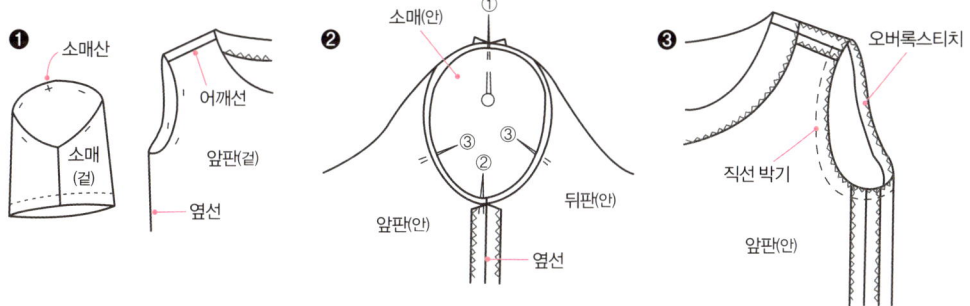

❶ 소매를 반 접어 옆선을 박은 뒤 밑단을 안으로 접어 박는다.
몸판의 어깨선과 옆선을 박음질하고 오버록스티치한다.

❷ 안면이 보이게 뒤집는다. 몸통 진동둘레에 소매 겉면이 맞닿게 겹쳐놓고 시침핀으로 고정한다.

❸ 진동둘레를 따라 박음질한 뒤 오버록스티치한다.

원단 끈 만들기

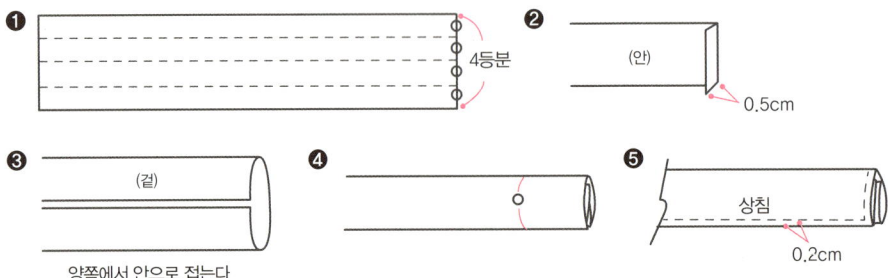

❶ 원단을 같은 간격으로 4등분해 각 등분을 표시한다.

❷ 안면이 보이게 놓은 뒤 오른쪽 끝을 0.5cm 폭으로 안면 쪽으로 접는다.

   Tip. 끈이 노출되는 끝부분만 접어요.

❸ ❶에서 4등분을 표시한 곳 중 위아래만 안면 쪽으로 접는다.

❹ ❸에서 접은 부분이 맞닿게 가운데를 한 번 더 접는다.

❺ 옆과 밑단에서 0.2cm 떨어진 위치를 한번에 이어 박는다.

---

- 본문에 사용되는 모든 치수의 단위는 cm이다.
- 기본 재봉은 직선박기로 직선 노루발을 사용한다.
- 시접 정리는 오버록 재봉기로 오버록스티치를 하는 것을 기본으로 하며, 일반 재봉으로는 지그재그스티치로 대신한다.
- 상침질은 겉면의 가장자리나 단 등에 하는데 장식 효과와 더불어 형태를 고정시키는 역할을 한다.
  가장자리에서 0.2cm 정도 안쪽에 해준다.
- 재봉실은 원단의 바탕색과 같거나 비슷한 색을 사용한다.
- 재단하기 그림에서 기본 시접 치수는 1cm로 별도의 표기를 하지 않는다. 단, 1cm 이외의 치수는 모두 표기되어 있다.
- 창구멍은 뒤집은 뒤 손바느질로 공그르기해 마감한다.
- 허리둘레의 고무밴드 길이는 앞 사이즈표의 허리둘레에 맞추되 개인별 사이즈를 고려해서 만든다.

# 용어 정리

❶ **솔기** : 천의 끝과 끝을 맞대고 바느질한 줄.

❷ **시접** : 도안선 밖에 여분으로 남기는 부분으로 완성 후 속으로 접혀 들어간다.

❸ **바이어스** : 옷감의 끝에 올이 풀리지 않도록 다른 천으로 감싸는 것.

❹ **바이어스 테이프** : 올의 방향에 따라 비스듬하게 자른 얇고 긴 천. 줄여서 '바이어스'라고 부르기도 한다.

❺ **직조 방향(=식서 방향)** : 원단을 제작할 때 올이 짜인 방향.

❻ **직선 노루발** : 재봉기의 가장 기본적인 노루발로 직선박기에 용이한 노루발.

❼ **상침질** : 솔기를 장식하거나 형태를 단단히 유지하기 위해 실밥이 겉으로 드러나도록 꿰매는 것.

❽ **단춧구멍** : 단추를 끼우는 구멍으로 단추의 지름보다 크게 만들어야 한다.

❾ **여밈** : 옷의 앞판이나 뒤판에 좌우가 겹쳐 열리는 부분으로 단추, 스냅단추, 원단 고리 등으로 고정한다.

❿ **고무밴드** : 옷의 허리 부분이나 네크라인, 소맷단, 밑단 등에 넣어 그 부분이 신축성 있게 만드는 재료.

⓫ **박음질** : 바늘땀과 땀이 서로 붙도록 반듯하고 촘촘하게 꿰매는 바느질법.

⓬ **홈질** : 바늘땀과 땀 사이를 고른 간격으로 꿰매는 바느질법.

⓭ **공그르기** : 바늘땀이 겉으로 보이지 않게 살짝 떠서 꿰매는 바느질법. 창구멍이나 안단을 겹쳐 연결할 때 사용한다.

⓮ **시침질** : 본 바느질을 하기 전에 임시로 고정하거나 두 원단이 밀리지 않도록 바늘땀을 넓게 홈질하는 것.

⓯ **가위집** : 곡선 부분을 뒤집었을 때 자연스러운 곡선이 되도록 시접을 바늘땀과 직각으로 자르는 것.

⓰ **오버록스티치** : 시접 끝의 올이 풀리지 않도록 끝을 지그재그로 감싸주는 바느질법.

⓱ **접착심지** : 원단의 안면에 붙여 형태가 잡히도록 하는 심지로 한쪽 면에 접착액이 발라져 있어 원단에 대고 다림질하여 붙이면 된다.

⓲ **시보리 원단** : 신축성이 있는 니트 직물로 카디건, 재킷, 티셔츠 등의 허리와 손목, 네크라인 부분에 덧대어 조이는 역할을 한다.

⓳ **다트** : 사람의 체형에 맞게 입체적인 형태가 된다. 천의 일정한 부분을 V자 형태로 잡아 박아주는 것.

⓴ **진동둘레** : 몸판에서 소매와 이어지는 부분으로 어깨선에서 겨드랑이까지의 둘레.

㉑ **창구멍** : 안면에서 바느질을 끝낸 뒤 겉면이 보이게 뒤집기 위해 바느질하지 않고 남겨두는 부분.

본격적으로 소잉 아이템을 만들어봐요.
아이와 엄마에게 잘 어울리는 스타일로
원단과 디자인을 변형해도 좋아요.

## START!

# 둥근칼라 블라우스

» page 016

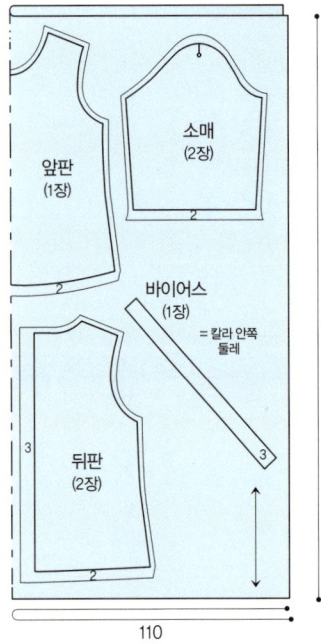
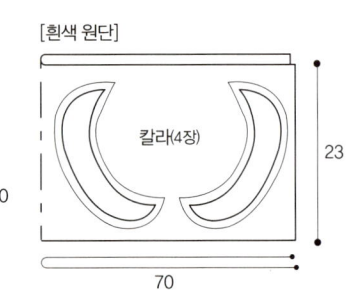

소매
(2장)

앞판
(1장)

바이어스
(1장)

= 칼라 안쪽
돌레

뒤판
(2장)

110

110

[흰색 원단]

칼라(4장)

23

70

**[ 재료 ]**

블라우스 원단
칼라 원단
접착심지
10mm 단추 5개

**[ 사용한 원단 ]**

블라우스용 잔꽃무늬 원단
칼라용 흰색 원단

**[ 만드는 순서 ]**

① 몸판
② 칼라
③ 소매
④ 단춧구멍

**[ 원단 사용 순서 ]**

앞판, 뒤판
칼라
바이어스
소매

※ **미리 준비하기!** 칼라(4장), 뒤판(2장) 중심 시접 안쪽에 접착심지(부드러운 심지)를 붙여놓는다.

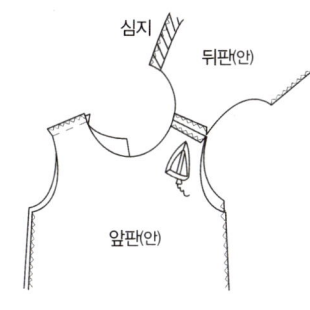

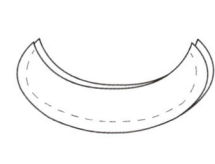

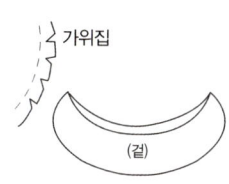

**1_** 앞판과 뒤판의 어깨선, 양 옆선을 각각 오버록스티치한다. 어깨선을 겹쳐 박은 뒤 시접을 가름솔로 펼쳐 다림질한다.

**2_** 접착심지를 붙인 칼라를 겉면끼리 맞닿게 2장씩 겹쳐 바깥쪽 둥근 라인을 박는다.

**3_** 시접에 가위집을 넣은 뒤 겉면이 보이게 뒤집어 다림질한다. (총 2개)

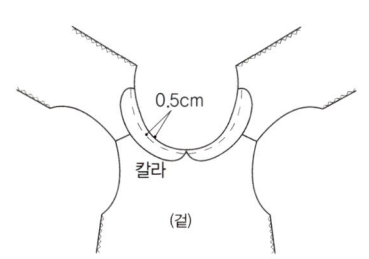

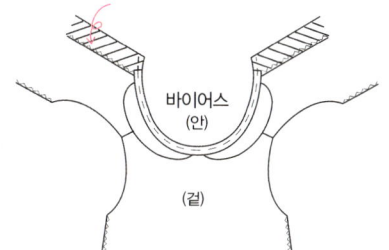

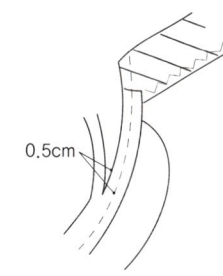

**4_** 몸판을 겉면이 보이게 놓고 네크라인에 맞춰 칼라 2장을 대칭으로 올린다. 끝에서 0.5cm 떨어진 위치에 앞·뒤판과 칼라를 겹쳐 시침질한다.

**5_** 양 뒤판 중심 시접을 겉면 쪽으로 접는다. 그 위에 바이어스를 네크라인에 맞춰놓고 네크라인을 따라 박는다.

**6_** 네크라인 시접을 0.5cm만 남기고 잘라낸다.

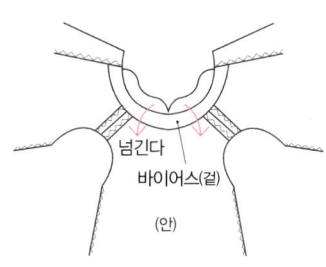

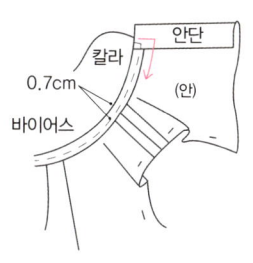

**7_** 몸판을 안면이 보이게 뒤집은 뒤 바이어스와 뒤판 중심을 안면 쪽으로 접어 넘긴다.

**8_** 안면 쪽으로 넘어온 바이어스로 네크라인 시접을 한 번 더 감싼다. 끝에서 0.7cm 정도 위치를 박는다.

Tip. 칼라를 세운 상태로 박아요.

**9_** 어깨선을 따라 안면이 보이게 접는다. 앞판과 뒤판의 양 옆선을 겹쳐 박는다.

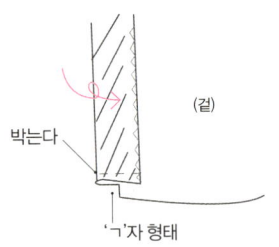

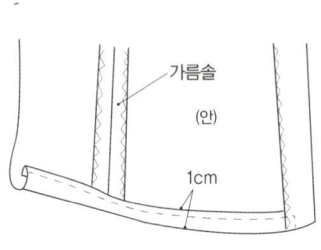

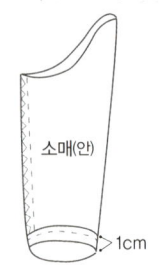

**10_** 뒤판 중심 시접을 겉면 쪽으로 접어 아랫 부분을 도안선을 따라 박는다. 그 아래 시접 부분을 'ㄱ'자 형태로 자른다.

**11_** 몸판 밑단을 안면 쪽으로 1cm 폭으로 2번 접어 시접 윗선을 따라 박는다.

**12_** 소매를 세로로 반 접어 옆선을 박은 뒤 시접을 오버록스티치한다. 소매 밑단을 안면 쪽으로 1cm 폭으로 2번 접어 시접 윗선을 따라 박는다.

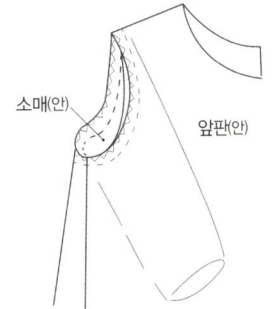

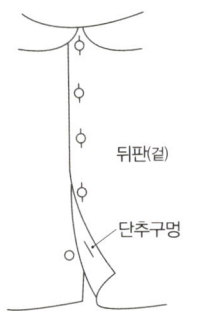

**13_** 몸판 양옆 진동둘레에 소매를 넣어 겉면끼리 맞닿게 겹쳐 박고 오버록스티치한다.

**14_** 겉면이 보이게 뒤집은 뒤 뒤판 여밈 부분에 일정한 간격으로 단춧구멍을 낸다. 구멍에 맞춰 맞은편에 단추를 단다. (113페이지 단춧구멍 만들기 참고)

**15_** 칼라를 내려 다림질한다.

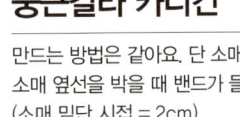

**+ Plus Sewing**

## 둥근칼라 카디건

만드는 방법은 같아요. 단 소매에 고무밴드를 넣어주어야 하므로 소매 옆선을 박을 때 밴드가 들어갈 부분을 남기고 바느질해요. (소매 밑단 시접 = 2cm)

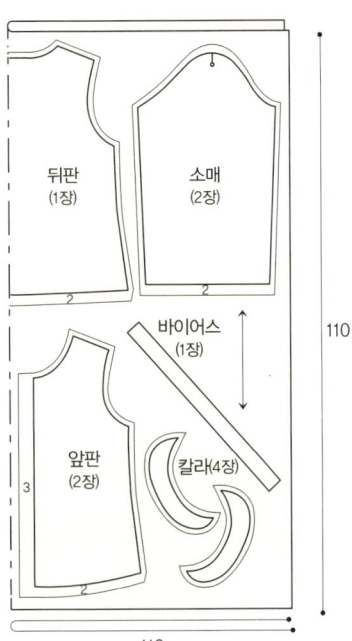

# 화이트 카디건

» page 024

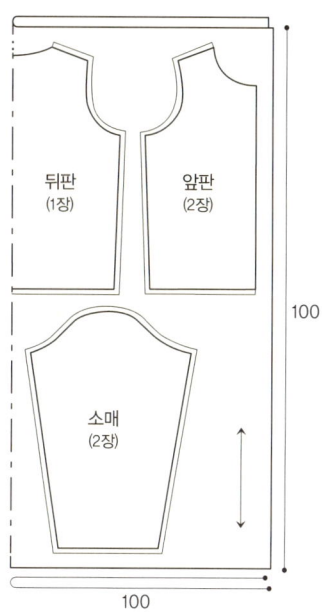

뒤판
(1장)

앞판
(2장)

소매
(2장)

100

100

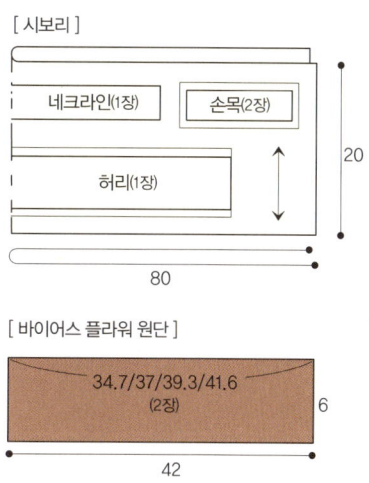

[ 시보리 ]

네크라인(1장)

손목(2장)

허리(1장)

20

80

[ 바이어스 플라워 원단 ]

34.7/37/39.3/41.6
(2장)

6

42

**[ 재료 ]**

니트 원단
시보리 원단(니트 원단과
같은 색상)
꽃무늬 원단
10mm 단추 5개

**[ 사용한 원단 ]**

단색 니트 원단(두껍지 않은 것)
시보리 원단(신축성이 좋은
골지니트 원단을 추천)
30~40수 정도의
꽃무늬 면 원단

**[ 만드는 순서 ]**

① 몸판
② 소매
③ 시보리
④ 앞여밈
⑤ 단춧구멍

**[ 원단 사용 순서 ]**

앞판, 뒤판
소매
시보리
바이어스

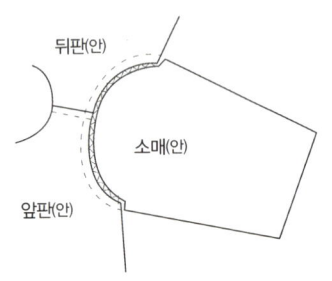
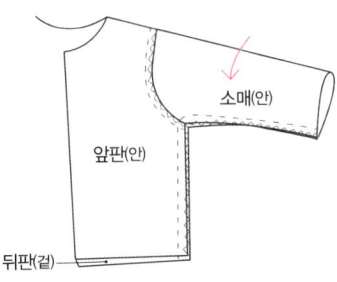

**1_** 앞판과 뒤판을 겉면끼리 맞대고 어깨선을 박는다. 시접을 오버록 스티치한다.

**2_** 앞판과 뒤판을 펼쳐 어깨 시접을 뒤판 쪽으로 넘긴다. 소매를 진동 둘레에 맞춘 뒤 겹쳐 박고 오버록 스티치한다.

**3_** 어깨선에 맞춰 앞판과 뒤판을 안면이 보이게 접는다. 소매는 옆선을 맞춰 반 접는다. 소매 옆선에서 몸통 옆선까지 한번에 이어 박고 오버록스티치한다.

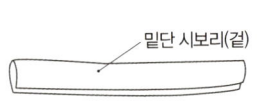
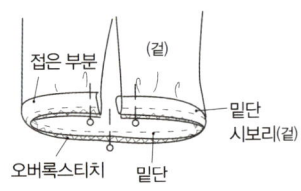

**4_** 밑단 시보리 원단을 겉면이 보이게 가로로 반 접는다.

**5_** 시보리 원단을 밑단 둘레만큼 늘려 겉면에 덧댄다. 시침핀으로 고정한 뒤 도안선을 따라 박는다. 시접은 한번에 오버록스티치한다.

Tip. 시보리 원단이 밑단보다 폭이 짧으니 당겨서 길이를 맞춰 박아요.

**6_** 손목 시보리를 안면이 보이게 반 접어 옆선을 겹쳐 박는다.

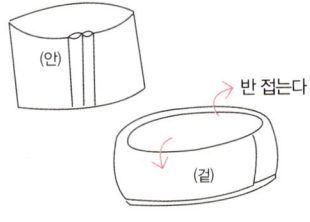
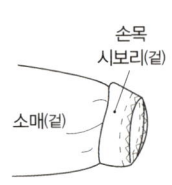
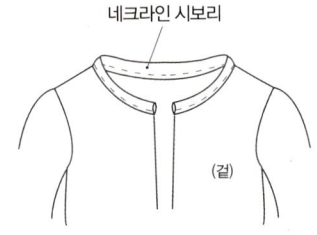

**7_** 시접을 가름솔로 펼치고 겉면이 보이게 가로로 반 접는다. (총 2개)

**8_** **7**의 손목 시보리를 겉면이 보이게 소매 끝에 끼운다. 소매둘레만큼 늘려 박은 뒤 오버록스티치한다.

**9_** 네크라인 시보리를 **5**의 몸판 네크라인에 맞춰 바이어스 연결하는 방법으로 감싸 박는다. (레이스 원피스(171페이지) **2**번, **3**번 과정 참고)

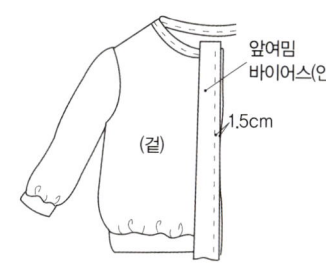

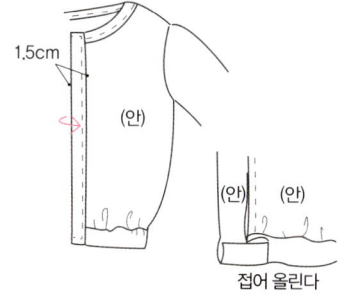

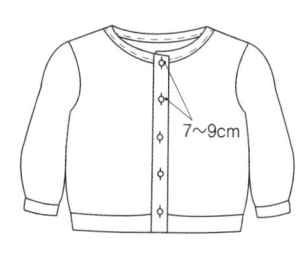

**10_** 앞판 중심선에 앞여밈 바이어스를 겉면끼리 맞닿게 겹쳐 바이어스 옆선을 중심선에 맞춘다. 중심선에서 1.5cm 떨어진 위치를 박는다. 박음선을 기준으로 바이어스를 안면 쪽으로 넘긴다.

**11_** 10을 안면이 보이게 뒤집는다. 앞여밈 바이어스의 위아래 남는 시접을 안면 쪽으로 접는다. 접은 시접을 한 번 더 접어 넣고 바이어스 안쪽 끝에서 0.1cm 정도에 떨어진 위치를 'ㄱ'자 형태로 박는다.

**12_** 앞여밈에 7~9cm 간격으로 세로 단춧구멍을 만든다. 단춧구멍에 맞춰 맞은편에 단추를 단다. (113 페이지 단춧구멍 만들기 참고)

Tip. 단춧구멍을 만들 때 원단이 늘어지지 않게 주의하세요.

# 프릴칼라 블라우스

프릴칼라 블라우스의 기본 도안에서 프릴 방향을 바꾸고
소매 끝에 주름을 넣어 바느질하면 또 다른 블라우스가 완성돼요.
기장을 종아리 정도 오게 늘려 재단하고 도안을 따라 만들면
원피스로도 입을 수 있죠. 가장 쉽게 만들 수 있는 프릴칼라 블라우스와
칼라와 소매 부분을 변형한 주름 블라우스를 만들어봐요.

» page 018

# 프릴칼라 블라우스

# 주름 블라우스

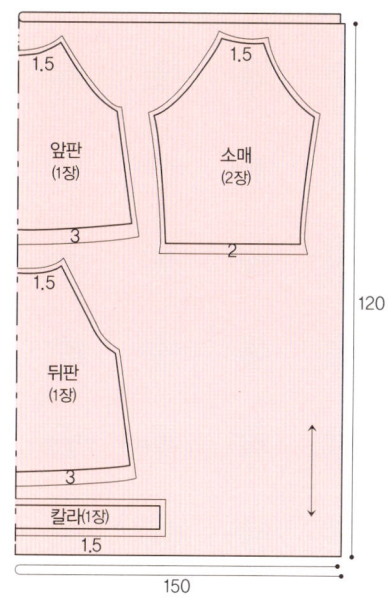

**[ 재료 ]**

블라우스용 얇은 꽃무늬 원단

폭 1cm 리본 원단

폭 0.7cm 고무밴드

**[ 사용한 원단 ]**

40수 면 원단

**[ 만드는 순서 ]**

① 몸판

② 소매

③ 칼라

**[ 원단 사용 순서 ]**

앞판, 뒤판

소매

칼라

**공통 과정**

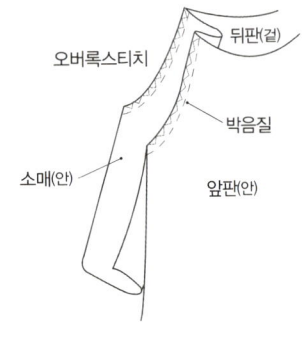
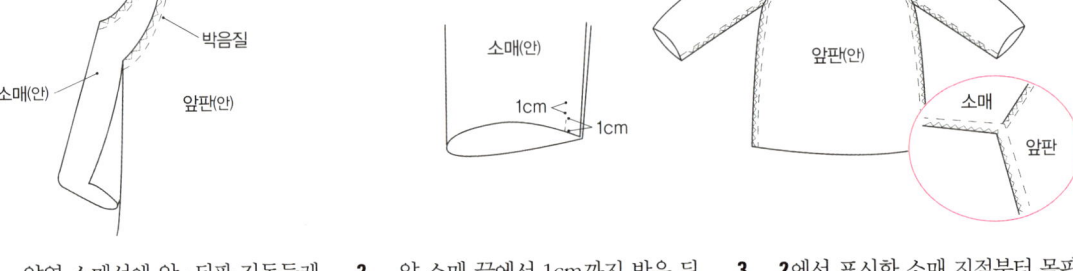

1_ 양옆 소매선에 앞·뒤판 진동둘레를 겉면끼리 맞닿게 겹쳐 박는다. 시접은 오버록스티치한다.

Tip. 소매 2개 모두 앞·뒤판과 연결해요.

2_ 양 소매 끝에서 1cm까지 박은 뒤 박음질하지 않은 1cm를 표시한다. (1cm=고무밴드 구멍)

3_ 2에서 표시한 소매 지점부터 몸판 옆선까지 한번에 이어 박고 시접을 오버록스티치한다.

Tip. 고무밴드 구멍(밑단에서 2cm 떨어진 지점)은 오버록스티치하면 안 돼요.

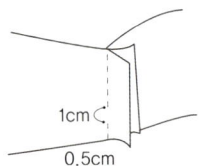
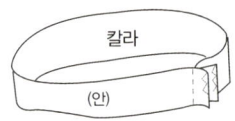
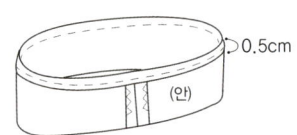

4_ 칼라용 원단을 안면이 보이게 반으로 접어 겹친 뒤 밑단에서 0.5cm 떨어진 위치까지 박고 1cm 남긴 뒤 끝까지 이어 박는다. (1cm=고무밴드 구멍)

5_ 밑에서 1.5cm 떨어진 위치부터 끝까지 오버록스티치한다.

6_ 안면 쪽으로 0.5cm 폭으로 2번 접은 뒤 박는다.

**변형 과정 : 프릴칼라 블라우스**

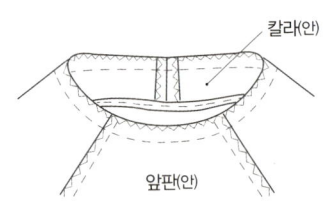
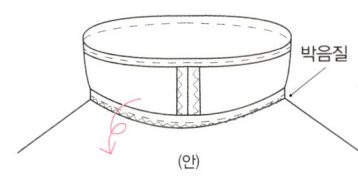
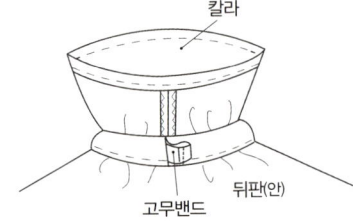

7_ 3의 몸판 안쪽 목둘레에 6의 칼라 겉면이 맞닿게 겹쳐놓은 뒤 도안선을 따라 박고 오버록스티치한다.

8_ 칼라는 위로 올리고 시접은 아래로 내려 앞·뒤판 쪽으로 겹쳐놓는다. 봉재선을 기준으로 1cm 아래를 박는다.

9_ 4에서 남겨두었던 밴드 구멍에 폭 0.7cm의 고무밴드를 넣는다. 관통해 나온 고무밴드 양끝을 겹쳐 박는다.

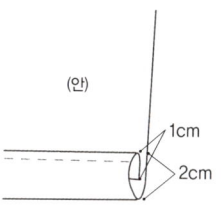

(안)

1cm
2cm

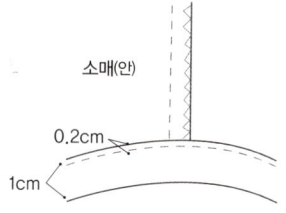

소매(안)

0.2cm
1cm

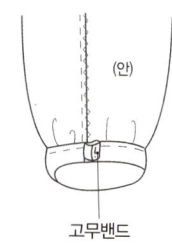

(안)

고무밴드

**10_** 밑단은 1cm 안면 쪽으로 접은 뒤 다시 2cm 접고 시접 윗선을 따라 박는다. (완성된 시접 폭=2cm)

**11_** 양 소매 끝은 안면 쪽으로 1cm 폭으로 2번 접고 시접 윗선에서 0.2cm 떨어진 위치를 박는다. (완성된 시접 폭=1cm)

**12_** 밴드 구멍에 폭 0.7cm의 고무밴드를 넣는다. 관통해 나온 고무밴드 양끝을 겹쳐 박는다. 손목에 맞춰 주름을 다듬은 뒤 공그르기로 밴드 구멍을 막는다.

**변형 과정 : 주름 블라우스**

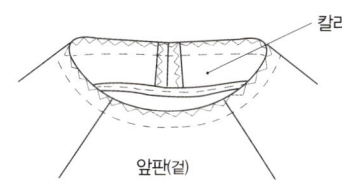

칼라(안)

앞판(겉)

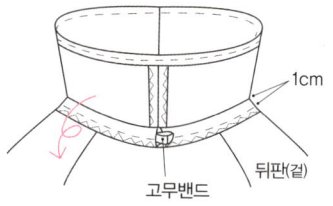

1cm

고무밴드        뒤판(겉)

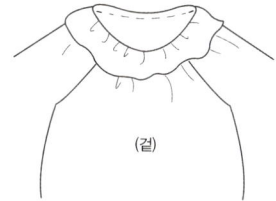

(겉)

**7_** **3**을 겉면이 보이게 뒤집는다. 안쪽 목둘레에 **6**의 칼라 겉면이 몸판 안쪽 면에 맞닿게 겹쳐놓은 뒤 도안선을 따라 박고 오버록스티치한다.

**8_** 칼라를 위로 올리고 시접은 아래로 내린다. 네크라인(칼라 연결 박음질선)에서 1cm 아래를 박는다. 칼라 뒤쪽 연결선 사이에 난 구멍에 고무밴드를 넣고 양끝을 박은 뒤 공그르기한다.

**9_** 칼라를 몸판 겉면 쪽으로 내려 다림질한다.

# 스트라이프 티셔츠 For kids

**》 page 022**

# 세인트 티셔츠 For moms

**》 page 023**

늘어남 방지 테이프

앞판
(1장)

소매
(2장)

2.5

2.5

늘어남 방지 테이프

뒤판
(1장)

2.5

120

110

늘어남 방지 테이프

앞판
(1장)

소매
(2장)

2.5

2.5

뒤판
(1장)

2.5

160

150

**[ 재료 ]**

스트라이프 니트 원단
폭 1cm 늘어남 방지 테이프

**[ 사용한 원단 ]**

도톰한 니트 원단

**[ 만드는 순서 ]**

① 몸판
② 소매

**[ 원단 사용 순서 ]**

앞판, 뒤판
소매

엄마 세인트 티셔츠는 집에 있는 티셔츠 길이와 너비를 잰 뒤 그 사이즈에 맞춰 원단 길이를 조절해요.
만드는 방법은 아이 스트라이프 티셔츠와 똑같아요.

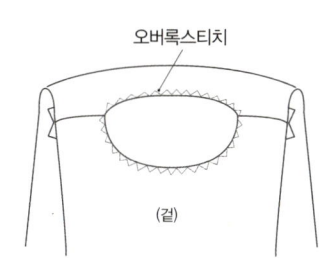

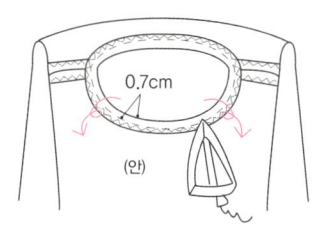

**1_** 앞판과 뒤판 어깨선 시접에 각각 늘어남 방지 테이프를 붙인 뒤 시접을 오버록스티치한다. 앞판과 뒤판을 겉면끼리 맞대고 어깨선을 박는다. 시접은 가름솔로 펼친다.

**2_** 네크라인 시접을 오버록스티치 한다.

**3_** 네크라인 시접을 안면 쪽으로 접어 다림질한 뒤 끝에서 0.7cm 정도 떨어진 위치를 일정한 폭으로 박는다.

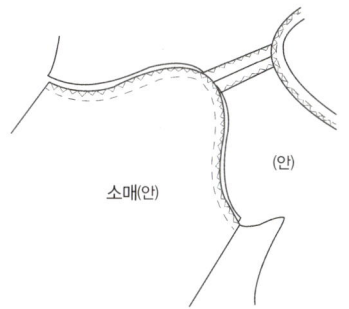

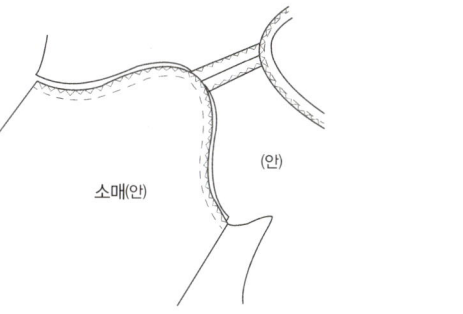

**4_** 양옆 진동둘레에 소매 어깨선을 겉면끼리 겹쳐 박고 시접을 오버록스티치한다.

**5_** 어깨선에 맞춰 앞판과 뒤판을 접는다. 소매는 옆선을 맞춰 반 접는다. 소매 옆선에서 앞판과 뒤판의 옆선까지 이어 박는다. 이때 겨드랑이 부분은 앞판과 뒤판 시접이 한쪽으로 겹쳐 두툼해지지 않도록 엇갈리게 넘겨 박는다.

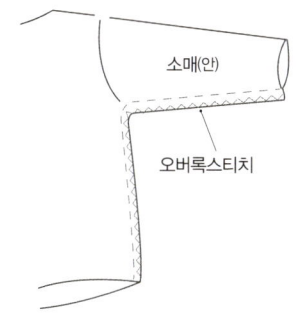

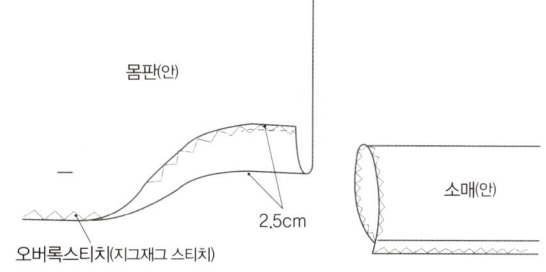

**6_** 시접을 오버록스티치한다.

**7_** 몸판 밑단과 소매 끝을 오버록스티치한다. 도안선을 따라 안면 쪽으로 시접을 2.5cm 접어 오버록스티치 위로 박는다.

# 망토

망토는 크게 앞판과 뒤판, 모자 부분으로 나뉘어요.
앞·뒤판과 모자를 연결하는 과정은 동일하게 하고 몸통의 모양만 변경해
기본 망토와 우비를 만들었어요. 우비는 길이를 더 길게 만들고
밑단에 스냅단추를 달아 빗물을 막아주세요.

» page 026, 030

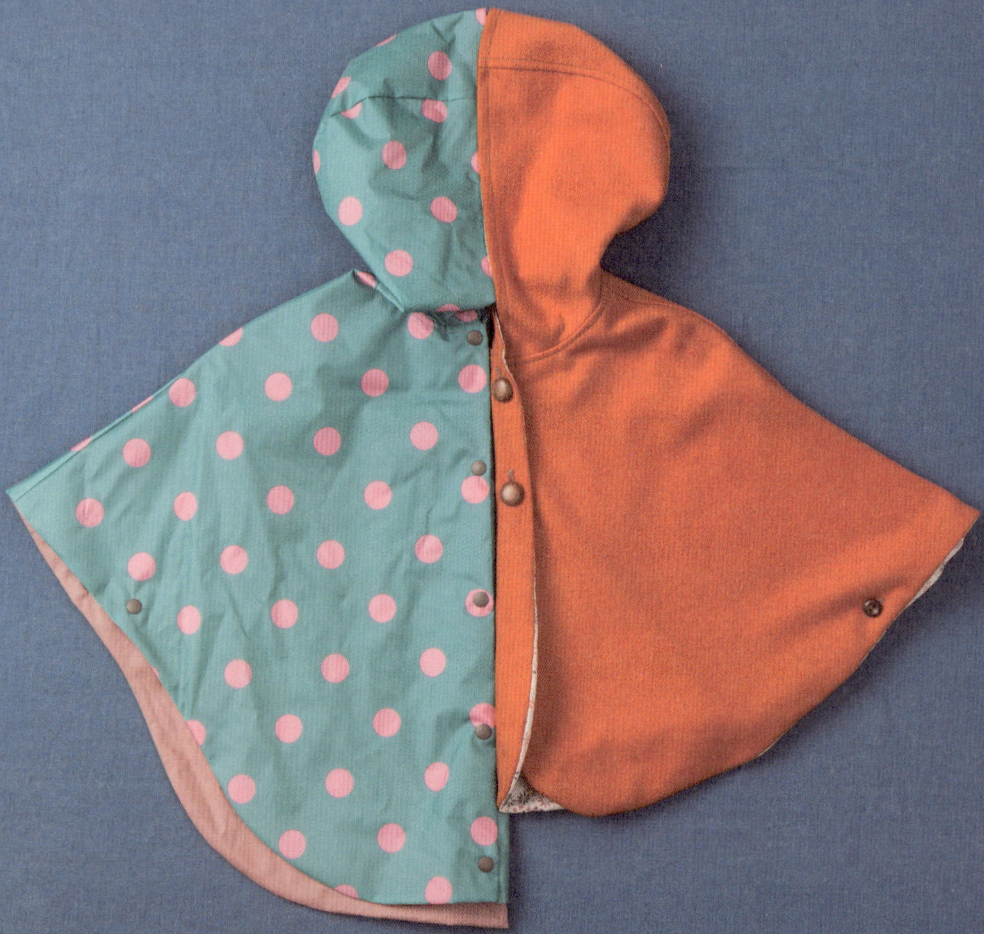

# 오렌지빛 망토     우비 망토

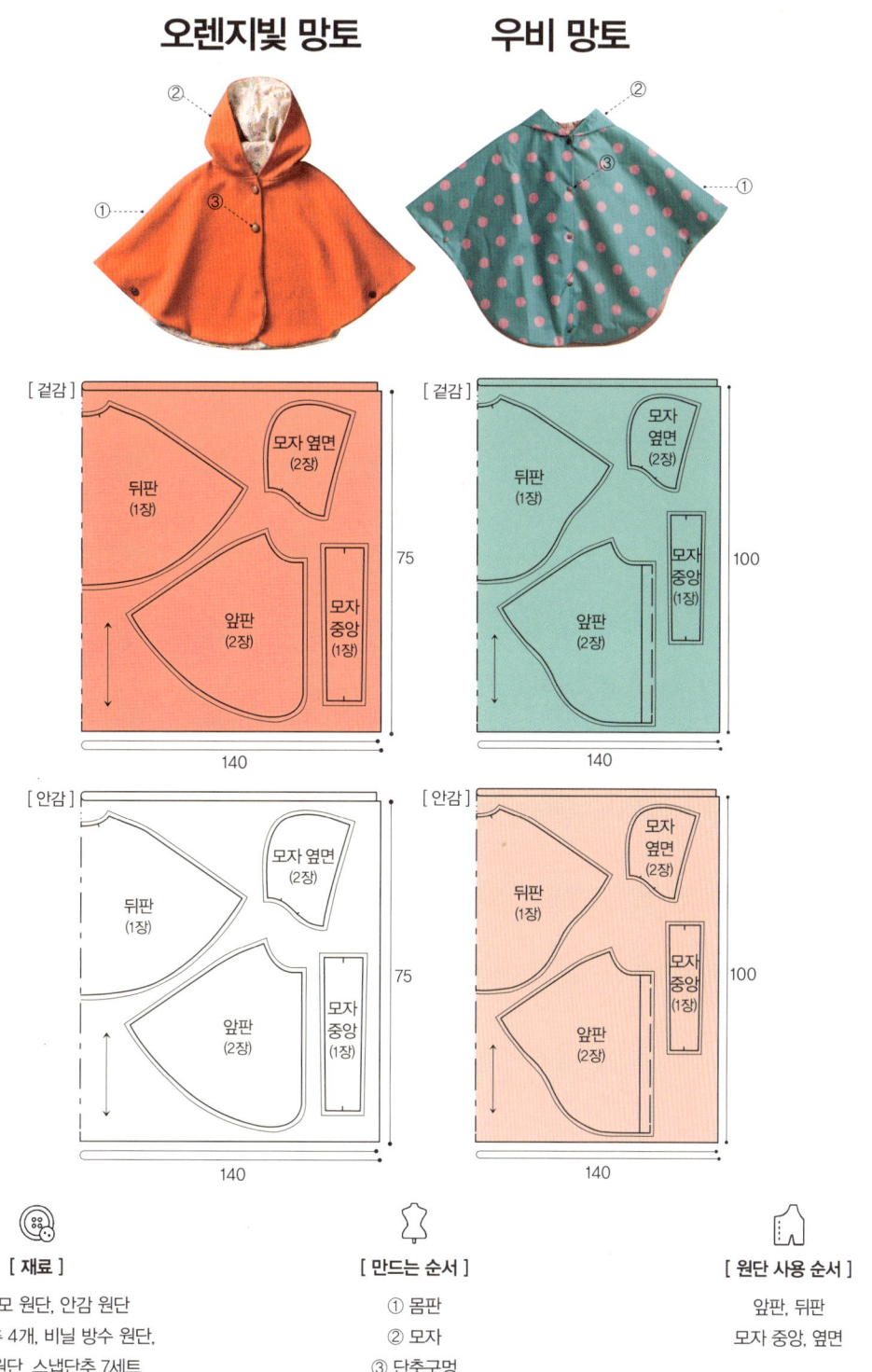

[ 겉감 ]

뒤판
(1장)

모자 옆면
(2장)

앞판
(2장)

모자
중앙
(1장)

75

140

[ 겉감 ]

뒤판
(1장)

모자
옆면
(2장)

앞판
(2장)

모자
중앙
(1장)

100

140

[ 안감 ]

뒤판
(1장)

모자 옆면
(2장)

앞판
(2장)

모자
중앙
(1장)

75

140

[ 안감 ]

뒤판
(1장)

모자
옆면
(2장)

앞판
(2장)

모자
중앙
(1장)

100

140

**[ 재료 ]**

겉감 기모 원단, 안감 원단
15mm 단추 4개, 비닐 방수 원단,
안감 면 원단, 스냅단추 7세트

**[ 만드는 순서 ]**

① 몸판
② 모자
③ 단춧구멍

**[ 원단 사용 순서 ]**

앞판, 뒤판
모자 중앙, 옆면

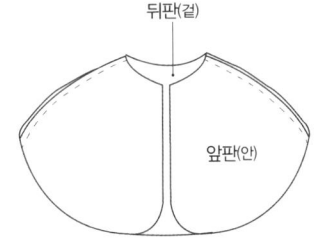

**1_** 겉감 뒤판과 앞판을 겉면끼리 맞대고 양 옆선을 맞춰 박는다.

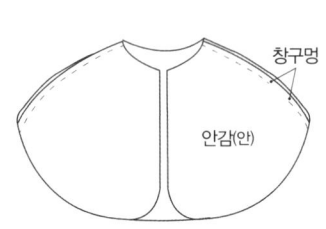

**2_** 안감 뒤판과 앞판을 겉면끼리 맞대고 왼쪽 옆선을 박는다. 오른쪽 옆선은 중간에 창구멍을 10cm 정도 남기고 박는다.

**3_** 겉감 모자 중앙 옆선에 모자 옆면을 도안선에 맞춰놓는다. 시침핀으로 고정한 뒤 박는다.

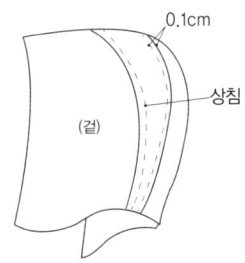

**4_** 겉면이 보이게 뒤집는다. 안면 시접을 모자중앙 쪽으로 넘기고 양 옆 박음선에서 0.1cm 떨어진 위치에 상침질한다.

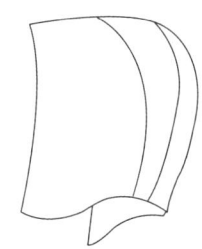

**※** 안감 모자중앙 원단과 모자 옆면 원단도 공통 과정(**3~4**번)과 같은 방법으로 작업하되 상침질은 하지 않는다.

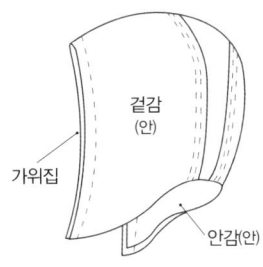

**5_** 겉감과 안감 모자를 겉면끼리 맞닿게 겹쳐놓는다. 도안선을 따라 앞부분 둥근 라인을 박은 뒤 시접 부분에 가위집을 넣는다.

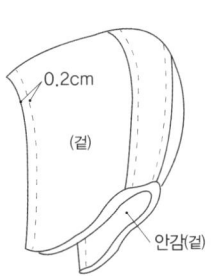

**6_** 겉면이 보이게 뒤집는다. 둥근 라인에서 0.2cm 떨어진 위치에 상침질한다.

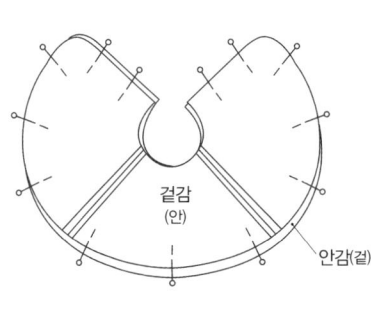

**7_** **1**(겉감)과 **2**(안감)를 겉면끼리 맞닿게 겹쳐놓은 뒤 도안선을 따라 시침핀으로 고정한다.

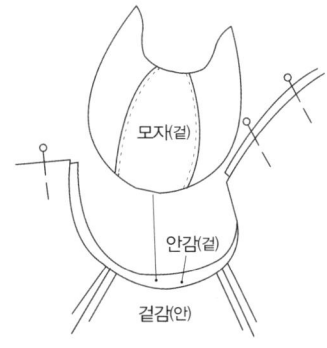

**8_** **7**의 목 부분에 **6**의 모자 앞부분이 앞판을 향하게 집어넣는다. 목 도안선에 맞춰 고정한다.

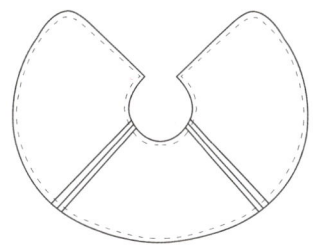

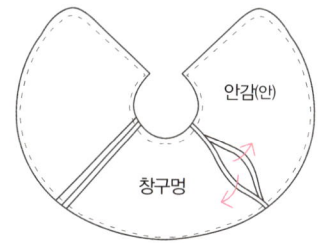

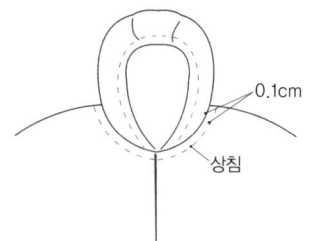

**9_** 전체 테두리를 박은 뒤 둥근 시접에 가위집을 넣는다.

**10_** 안감 옆선의 창구멍에 손을 넣어 전체를 뒤집는다.

**11_** 잘 펼쳐 다림질한다. 모자를 세우고 네크라인에서 0.1cm 떨어진 위치에 상침질한다. 안감 창구멍은 공그르기한다.

**변형 과정** : 우비 망토

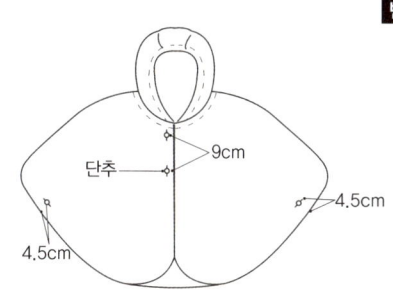

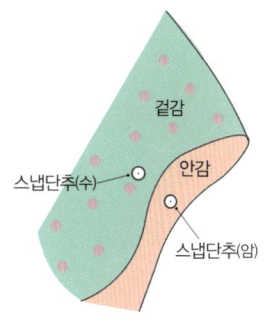

**12_** 앞여밈에 9cm 간격으로 단춧구멍을 내고 단추를 단다. 양옆 밑단에서 4.5cm 떨어진 위치에 단춧구멍을 내고 단추를 단다. (113페이지 단춧구멍 만들기 참고)

**11_** 모자를 세우고 네크라인에서 모자를 단 위치까지만 상침질한다.

**12_** 양옆 밑단에 단추 위치를 표시한 뒤 안감에 스냅단추를 단다.

Tip. 가시도트나 T단추는 몰드를 이용해 달아야 튼튼하고 비닐 원단이 깔끔하게 마감돼요.

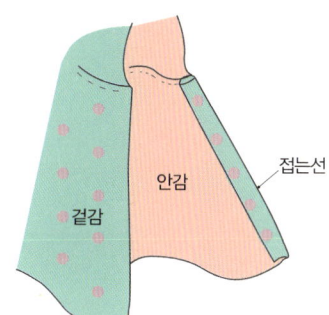

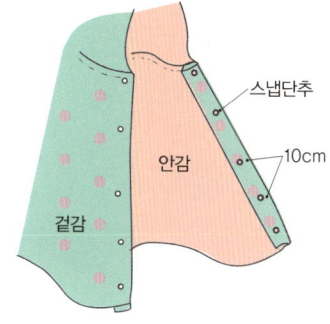

**13_** 도안의 접는 선을 따라 안으로 접어 다림질한다.

Tip. 원단이 열에 약하니 위에 얇은 천을 덮고 다림질해요.

**14_** **13**의 접은 여밈 부분에 10cm 간격으로 스냅단추를 단다.

Tip. 우비는 밑단까지 스냅단추를 달아 벌어지지 않게 해줘요.

# 트렌치코트

» page 032

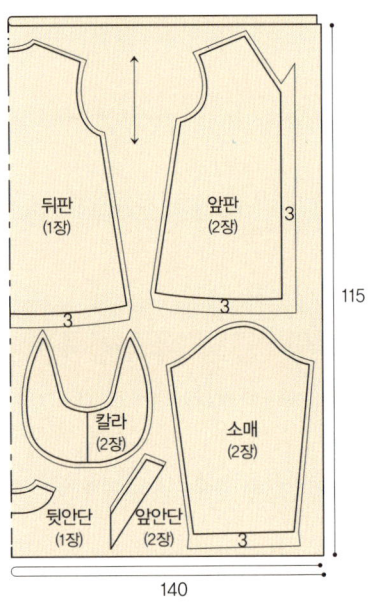

뒤판
(1장)

앞판
(2장)

3

3

3

115

칼라
(2장)

소매
(2장)

뒷안단
(1장)

앞안단
(2장)

3

140

[ 재료 ]

면 원단
나무단추 4개

[ 사용한 원단 ]

20수 면 트윌 베이지

[ 만드는 순서 ]

① 칼라
② 몸판
③ 소매
④ 단춧구멍

[ 원단 사용 순서 ]

칼라
앞 · 뒤 안단
앞판, 뒤판
소매

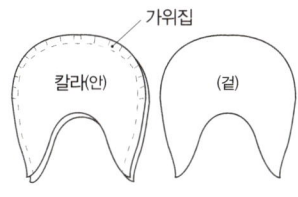

**1_** 칼라 원단 2장을 겉면끼리 맞대고 둥근 바깥선을 박는다. 시접에 가위집을 넣고 뒤집어 다림질한다.

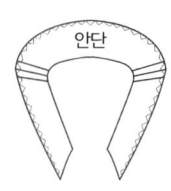

**2_** 앞·뒤 안단의 어깨선을 겉면끼리 겹쳐 박고 펼친 뒤 바깥선을 오버록스티치한다.

**3_** 앞판과 뒤판을 겉면끼리 맞대고 어깨선을 겹쳐 박은 뒤 어깨선과 양 옆선, 중심 시접을 각각 오버록스티치한다.

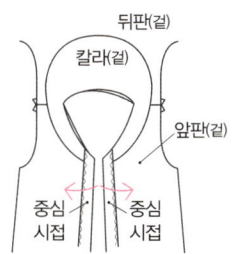

**4_** **3**을 펼치고 **1**의 칼라를 겉면이 보이게 네크라인에 맞춰 올린다. 앞판 중심 시접을 칼라 위로 겹치게 접는다.

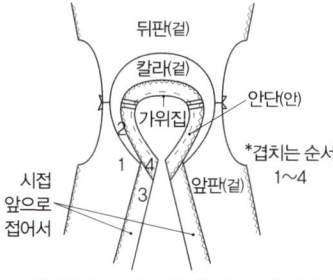

**5_** **4**의 칼라 위에 **2**의 안단을 안면이 보이게 맞춰 올린다. 네크라인 안쪽을 따라 박고 시접에 가위집을 넣는다.

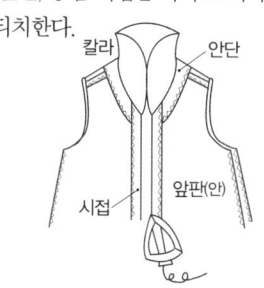

**6_** 네크라인을 따라 안단을 안면 쪽으로 접는다. **4**에서 접은 중심 시접을 안면 쪽으로 접어 다림질한다.

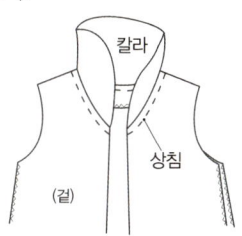

**7_** **6**을 겉면이 보이게 뒤집는다. 칼라를 세우고 앞·뒤판과 안단만 겹쳐 네크라인을 따라 함께 상침질한다.

**8_** 앞판과 뒤판 양 옆선을 겹쳐 박는다.

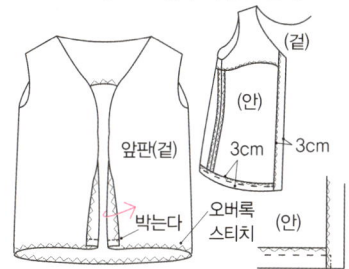

**9_** 밑단은 끝을 오버록스티치한 뒤 중심 시접 밑을 겉면 쪽으로 3cm 접어 밑단 도안선만 박는다. 밑단 시접을 안면 쪽으로 3cm 접어 박는다.

**10_** 소매는 반 접어 옆선을 박고 오버록스티치한다. 소매 밑단을 안면 쪽으로 2cm가 되도록 2번 접어 시접 윗선을 따라 박는다.

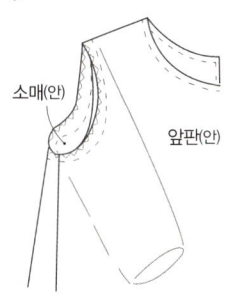

**11_** 소매를 몸판 진동둘레에 맞춰 겹쳐 박고 시접을 오버록스티치한다.

**12_** 전체를 겉면이 보이게 뒤집은 뒤 두 앞판이 겹치는 위치에 단춧구멍을 내고 단추를 달아준다. (113 페이지 단춧구멍 만들기 참고) 칼라를 겉으로 내리고 다림질한다.

# 누빔조끼

조끼는 겉감과 안감 원단 디자인만 잘 매칭해도 새로운 스타일로 변신할 수 있어요.
동일한 모양으로 만들고 바이어스, 리본 등 디테일만 조금씩 바꿔봐요.
바이어스를 대지 않을 경우 옆선을 바느질할 때
위아래 안감도 조금씩 겹쳐 박으면 공그르기를 쉽게 할 수 있어요.

» page 036

# 핑크 누빔조끼   땡땡이 누빔조끼

[ 겉감 ]

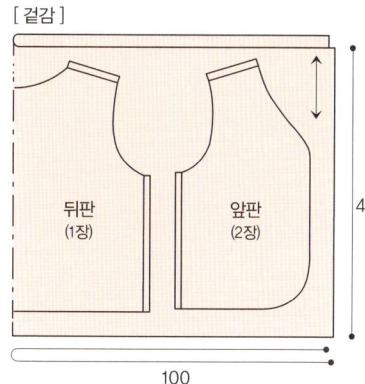

45

100

[ 안감 ]

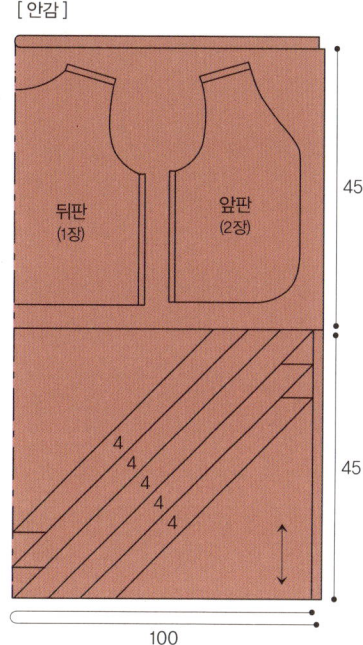

45

45

100

[ 겉감 ]

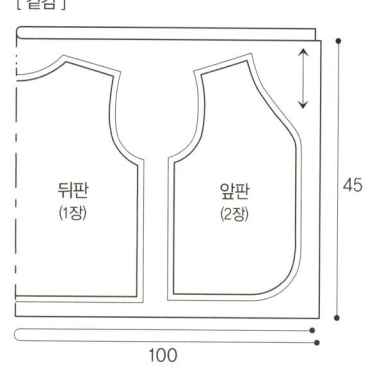

45

100

[ 안감 ]

45

100

**[ 재료 ]**

누빔 원단
안감 원단
바이어스용 원단
리본 60cm

**[ 만드는 순서 ]**

① 몸판
② 리본끈

**[ 원단 사용 순서 ]**

앞판, 뒤판
바이어스

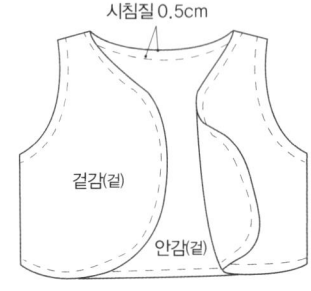

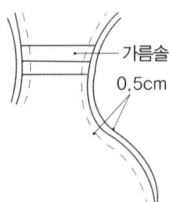

**1_** 겉감의 앞판과 뒤판을 겉면끼리 맞대고 어깨선과 양 옆선을 박은 뒤 시접은 가름솔로 펼친다. 안감 도 똑같이 한다.

**2_** 겉감과 안감을 안면끼리 맞닿게 겹친다. 도안선에서 0.5cm 떨어진 위치에 시침질한다.

Tip. 겉감 원단이 두꺼우니 시침질은 필수!

**3_** 시접을 가름솔로 펼쳐 시침질한다.

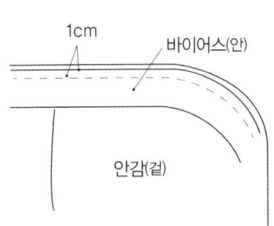

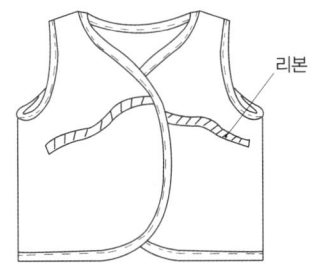

**4_** 안감과 같은 원단의 바이어스를 도안선에 맞춰 올린다. 도안선에 서 1cm 떨어진 위치를 박는다.

**5_** 바이어스를 겉면 쪽으로 넘기고 바이어스를 한 번 더 안으로 접는 다. 가슴 부분의 바이어스 안에 리 본테이프를 각각 집어넣는다. 바 이어스 바깥쪽 테두리를 따라 박 는다.

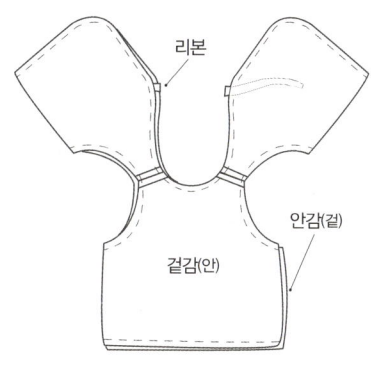

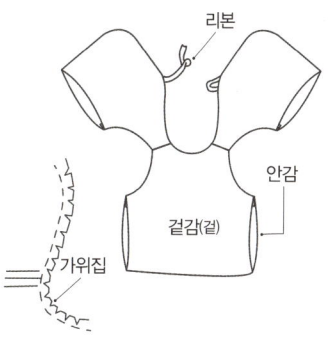

**1_** 겉감의 앞판과 뒤판을 겉면끼리 맞대고 어깨선을 박는다. 안감도 똑같이 한다.

**2_** 앞·뒤판을 펼친 상태에서 겉감과 안감을 겉면끼리 맞닿게 겹쳐놓는다. 앞판 가슴 부분 겉감과 안감 사이에 리본을 끼워놓는다. 앞판과 뒤판 옆선을 제외한 모든 테두리를 박는다.

**3_** 모든 둥근 시접에 직각으로 가위집을 넣는다. 전체를 뒤집는다.

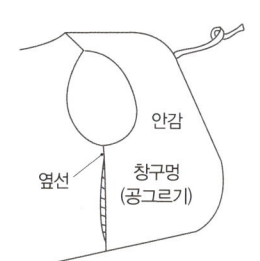

**4_** 안면이 보이게 어깨선을 따라 접은 뒤 양 옆선을 겹쳐놓는다. 앞판과 뒤판 양 옆선 중 겉감끼리만 겹쳐 도안선을 따라 박는다.

Tip. 겉감에 연결된 위아래 안감을 조금 더 박으면 안감 공그르기를 쉽게 할 수 있어요.

**5_** 겉면이 보이게 뒤집는다. 안감 양 옆선 창구멍 시접을 안으로 접어 공그르기한다.

뒤집어 입어도 OK!

138

## 체리 무늬 스커트 For kids
» page **042**

## 베이식 스커트 For moms
» page **043**

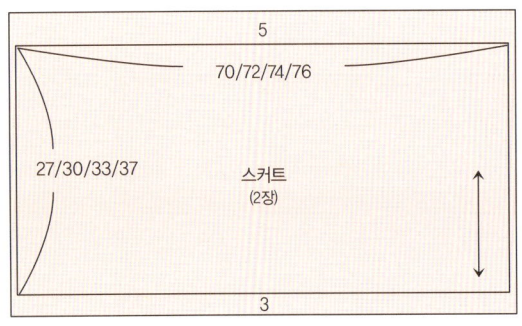

| | |
|---|---|
| 5 | |
| 70/72/74/76 | |
| 27/30/33/37 | 스커트 (2장) |
| 3 | |

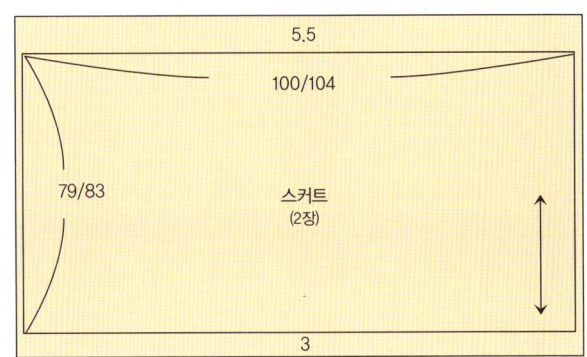

| | |
|---|---|
| 5.5 | |
| 100/104 | |
| 79/83 | 스커트 (2장) |
| 3 | |

※ 엄마 베이식 스커트는 M/L 두가지 사이즈입니다.

**[ 재료 ]**
원단
2cm 폭 고무밴드 50cm

**[ 사용한 원단 ]**
30수 아사 원단

**[ 만드는 순서 ]**
① 스커트
② 고무밴드

**[ 원단 사용 순서 ]**
스커트 원단

엄마 베이식 스커트는 아이 체리 무늬 스커트 만드는 방법과 같아요. 단, 스커트의 허리둘레는 평소 입는 스커트와 같은 사이즈로 만들고 길이는 종아리 정도 오게 늘려서 만들어요.

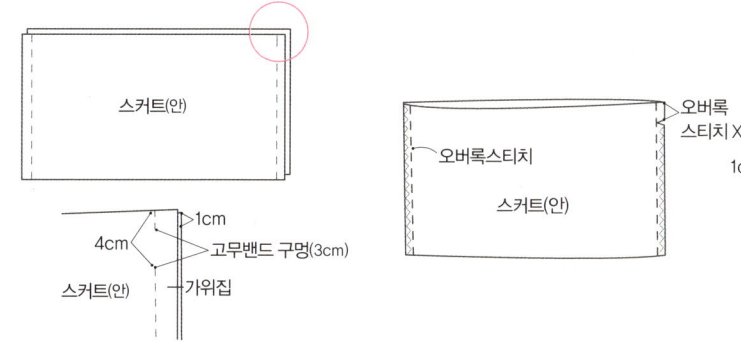

**1_** 스커트 원단 2장을 겉면끼리 맞 대고 겹쳐 양 옆선을 박는다. 이때 한쪽 옆선은 시접의 위에서부터 1cm는 박고 3cm는 남긴 뒤 쭉 이 어 박는다.

Tip. 바느질하지 않은 부분은 고무밴드를 넣는 구멍으로 사용해요.

**2_** 양옆 시접을 오버록스티치한다. 이때 고무밴드 구멍을 만들었던 한쪽 시접은 가위집을 넣고 그 밑 으로 오버록스티치한다.

**3_** 위에서 5cm 내려온 위치를 스커 트 안면 쪽으로 접고 끝에서 1cm 를 안으로 한 번 더 접는다. 위에 서 1cm 내려오는 위치와 밑에서 0.2cm 올라온 위치에 평행하게 상침질한다.

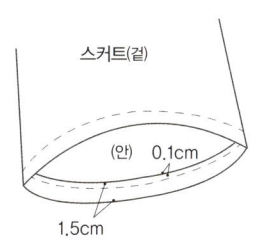

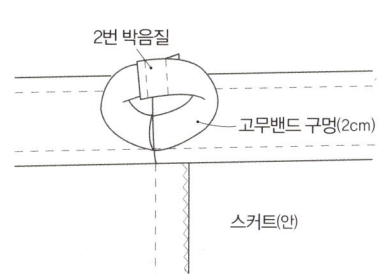

**4_** 밑단은 시접을 안면 쪽으로 1.5cm 폭으로 2번 접는다. (총 1.5cm) 시 접 윗선에서 0.1cm 내려온 위치를 박는다.

**5_** **1**에서 남긴 고무밴드 구멍에 고무 밴드를 관통시킨 뒤 양끝을 겹쳐 2번 박는다. 구멍은 공그르기한다.

# 튜튜 스커트

» page 046

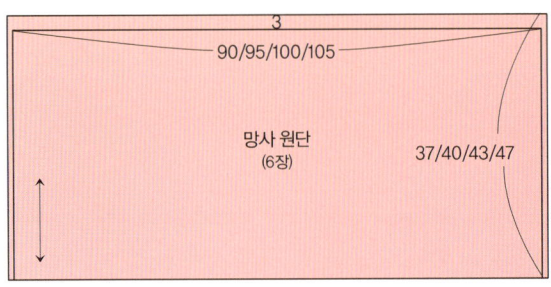

3

90/95/100/105

망사 원단
(6장)

37/40/43/47

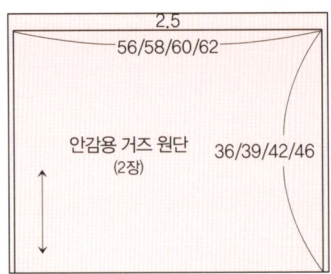

2.5

56/58/60/62

안감용 거즈 원단
(2장)

36/39/42/46

|  |  |  |  |
|---|---|---|---|
| **[ 재료 ]** | **[ 사용한 원단 ]** | **[ 만드는 순서 ]** | **[ 원단 사용 순서 ]** |
| 망사 원단 | 망사 원단 | ① 스커트 | 망사 원단 |
| 얇은 거즈 원단 | 안감용 거즈 원단 | ② 고무밴드 | 거즈 원단 |
| 폭 1.5cm 고무밴드(펄 소재) | | | |
| 70cm | | | |

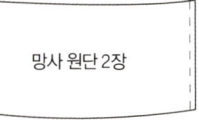

망사 원단 2장

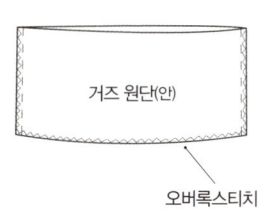

거즈 원단(안)

오버록스티치

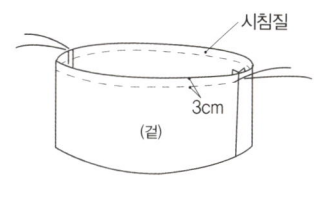

시침질

3cm

(겉)

**1_** 망사 원단을 2장씩 겹쳐 양옆을 도 안선을 따라 박는다. 총 3개를 만 든다.

Tip. 망사 원단은 오버록스티치하지 않아요.

**2_** 거즈 원단 2장을 겉면끼리 맞대고 양옆을 박은 뒤 오버록스티치한 다. 밑단도 오버록스티치한다.

**3_** 망사, 거즈 원단 모두 위에서 3cm 떨어진 도안선을 따라 각각 시침 질한다.

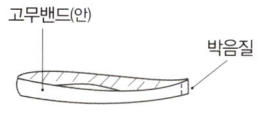

고무밴드(안)

박음질

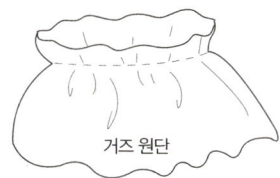

거즈 원단

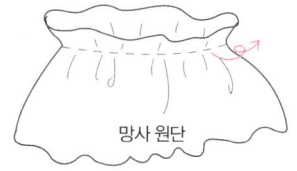

망사 원단

**4_** 고무밴드를 안면이 보이게 반 접어 끝부분을 박음질한 뒤 뒤집는다.

Tip. 밴드 길이는 45~53cm가 적당해요.

**5_** 3의 거즈 원단 시침실을 당겨 주 름을 만든다. 가로둘레의 2/3 사 이즈에 맞춰 매듭지어 고정한다.

**6_** 3의 망사 원단 시침실을 당겨 주 름을 만든다. 5의 거즈 원단 주름 진 둘레의 폭에 맞춰 매듭지어 고 정한다.

거즈 원단 1겹 + 망사 원단 3겹

안감

밴드 늘려서

스커트(겉)

**7_** 거즈 원단, 망사 원단(총 4겹) 윗부 분 도안선을 맞춰놓는다.

**8_** 도안선 위에 고무밴드를 끼운 뒤 늘려서 위아래 둘레를 원단(7의 거즈 원단, 망사 원단)과 함께 박 는다. 시침실을 제거한다.

# 주머니 달린 배기팬츠

» page **048**

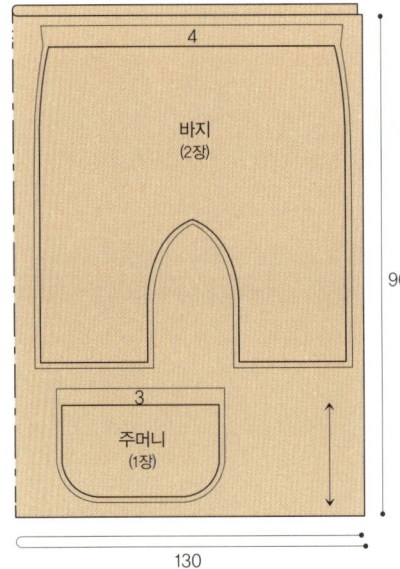

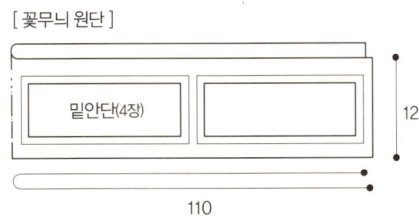

[ 꽃무늬 원단 ]

밑안단(4장)

12

110

4

바지
(2장)

90

3

주머니
(1장)

130

[ 재료 ]

면 무지 원단
꽃무늬 안단 원단
폭 2cm 고무밴드 50cm
20mm 나무단추 2개

[ 사용한 원단 ]

20수 면
30수 꽃무늬 면 원단

[ 만드는 순서 ]

① 주머니
② 단춧구멍
③ 바지
④ 안단
⑤ 고무밴드

[ 원단 사용 순서 ]

주머니
바지
안단

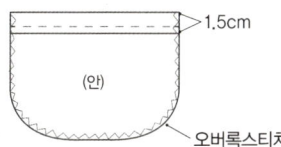

**1_** 주머니 원단 시접 윗부분은 안면 쪽으로 1.5cm 폭으로 2번 접어 아랫선을 따라 박는다. 도안선을 따라 둥근 테두리를 오버록스티치 한다.

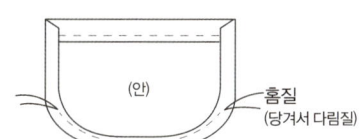

**2_** 아래 둥근 부분 시접을 홈질한다. 실을 당기면서 도안선을 따라 접어 다림질한다.

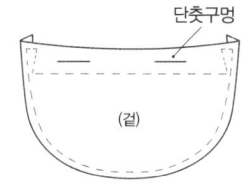

**3_** 겉면이 보이게 놓고 주머니 위 시접 부분에 단춧구멍을 2개 만든다. (113페이지 단춧구멍 만들기 참고)

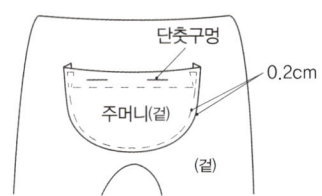

**4_** 주머니를 바지 겉면 가운데 올리고 도안선을 따라 0.2cm 안쪽으로 박는다.
Tip. 윗부분은 박지 않아요.

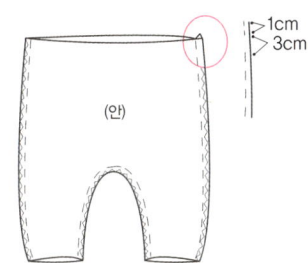

**5_** 바지 원단 2장을 겉면끼리 맞대고 양 옆선과 가랑이 부분을 박고 오버록스티치한다. 이때 한쪽 옆선은 위에서 1cm까지 박고 3cm를 남긴 뒤 쭉 박고 오버록스티치한다.

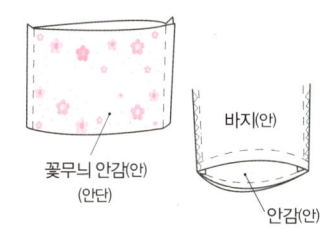

**6_** 안감용 꽃무늬 원단 2장을 겉면끼리 맞대고 양 옆선을 박는다. 바지 겉감과 겉면끼리 맞닿게 안감을 끼워 아래 도안선을 따라 박는다.

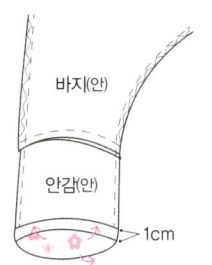

**7_** 안감을 밑으로 내려 끝에서 1cm 떨어진 시접을 접어 다림질한다.

**8_** 안감을 위로 접어 바지 안감과 함께 박는다.

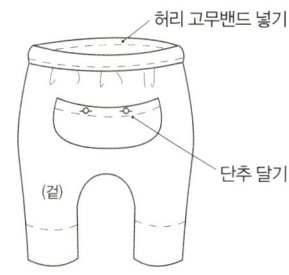

**9_** 허리 시접을 안면 쪽으로 2번 접어 박고 고무밴드를 넣는다. 단춧구멍에 맞춰 단추를 단다.

# 레깅스

기본 레깅스 위에 치마를 연결하면 깜찍한 치마 레깅스를 만들 수 있어요.
치마 원단을 허리 라인에 맞춰 박기만 하면 완성! 레이스, 리넨 등 다양한 원단으로
스커트를 만들고 치마 길이를 변형하면 색다른 느낌을 연출할 수 있어요.

» page **052**

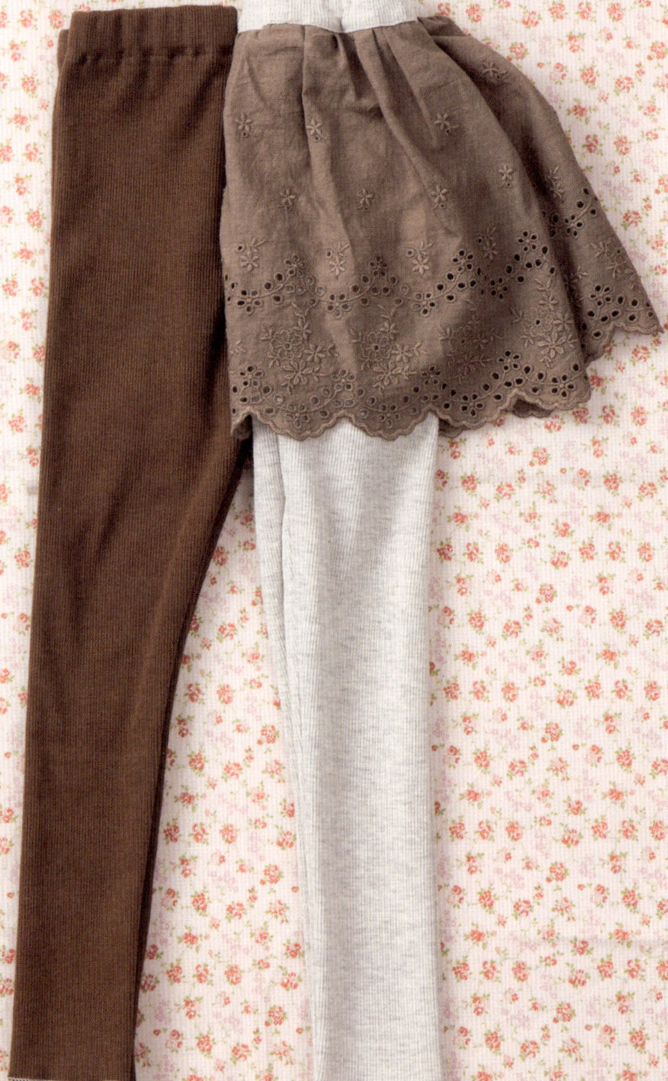

# 레깅스    치마 레깅스

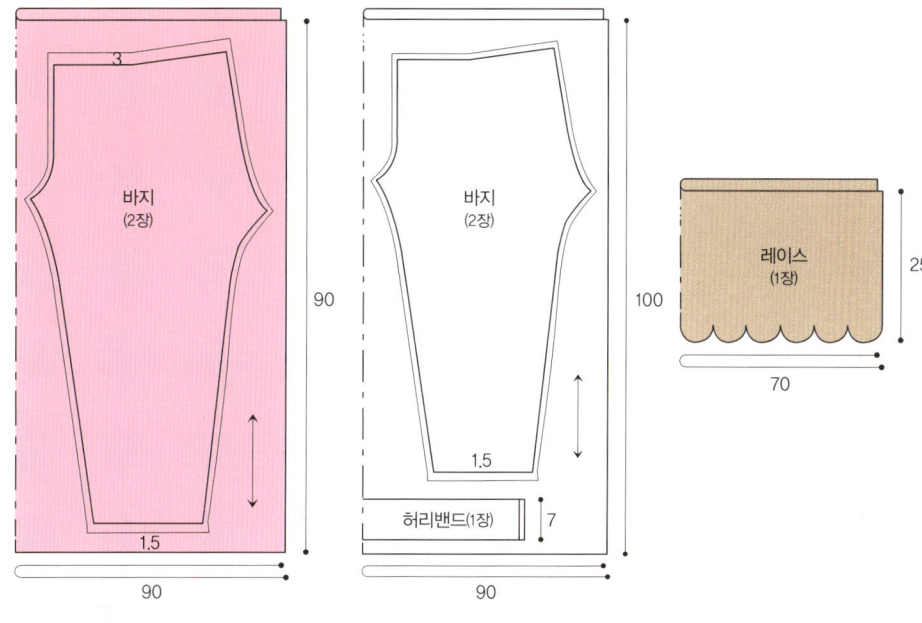

[ 재료 ]

니트 원단
레이스 원단
폭 2cm 고무밴드 50cm

[ 만드는 순서 ]

① 바지
② 고무밴드, 허리밴드
③ 스커트

[ 원단 사용 순서 ]

바지
고무밴드
레이스

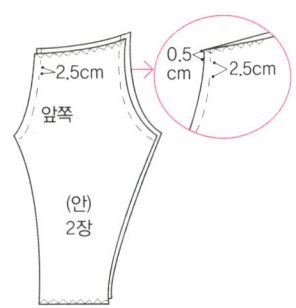
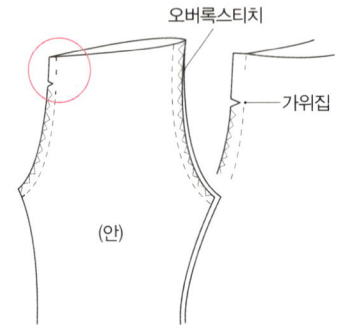
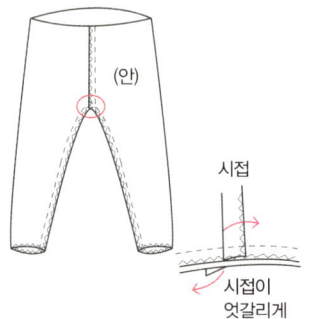

**1_** 허리와 밑단 시접을 각각 오버록스티치한다. 원단 2장을 겉면끼리 맞닿게 겹쳐놓는다. 앞쪽은 허리 시접에서 0.5cm 떨어진 위치까지 박고 2.5cm 남긴 뒤 뾰족하게 튀어나온 부분까지 박는다. 맞은편은 허리에서 뾰족하게 튀어나온 부분까지 쭉 이어 박는다.

**2_** 1에서 바느질하지 않은 부분 아래에 가로로 가위집을 넣고 그 밑으로 시접을 오버록스티치한다. 맞은편은 1에서 바느질한 부분을 모두 오버록스티치한다.

**3_** 그림대로 바지를 접은 뒤 안쪽 가랑이 부분을 겹쳐 박고 오버록스티치한다. 이때 가랑이 부분은 앞뒤 시접을 엇갈리게 넘겨 박고 오버록스티치한다.

**변형 과정** : 레깅스

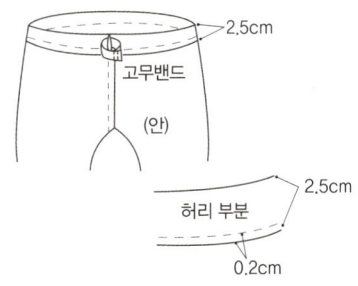
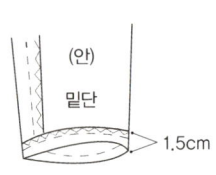

**4_** 허리 부분 시접을 안면 쪽으로 3cm 접고 0.5cm를 한 번 더 안으로 접은 뒤 밑에서 0.2cm 떨어진 위치를 박는다. 고무밴드를 관통시켜 양끝을 겹쳐 박는다.

**5_** 두 밑단은 시접을 안면 쪽으로 1.5cm 접어 오버록스티치 위로 박는다.
Tip. 밑단을 그대로 오버록스티치해 마무리해도 좋아요.

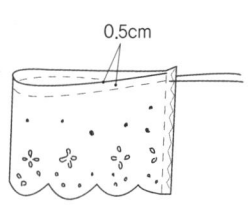

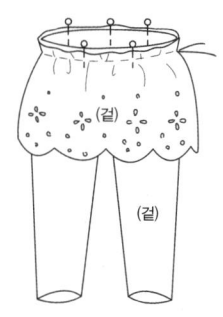

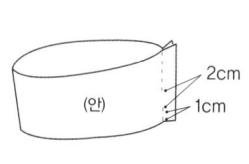

**4_** 레이스 원단을 겉면끼리 맞닿게 반 접어 옆선을 박은 뒤 오버록스티치한다. 겉면이 보이게 뒤집어 위에서 0.5cm 떨어진 위치에 홈질한 뒤 실 끝을 길게 남긴다.

**5_** 레깅스 허리 라인에 **4**의 레이스를 끼워 도안선을 따라 시침핀으로 고정한다. 홈질해 길게 남긴 실 끝을 레깅스 허리둘레에 맞춰 당긴다.

**6_** 허리둘레 원단을 안면이 보이게 반 접는다. 옆선 끝에서 1cm까지 박은 뒤 2cm를 남기고 끝까지 박는다.

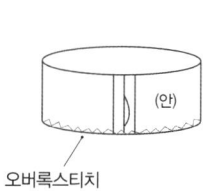

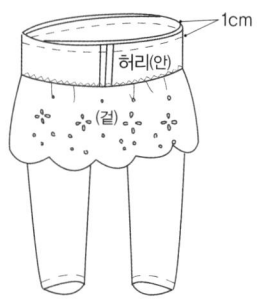

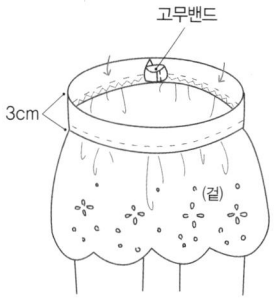

**7_** 시접을 펼쳐 **6**에서 1cm 박은 쪽 밑단을 따라 오버록스티치한다.

**8_** **5**의 레이스 위에 **7**의 허리밴드를 맞춰 끼운 뒤 도안선(1cm)을 따라 박는다.

Tip. 시접을 오버록스티치해도 좋아요.

**9_** 허리밴드를 안면 쪽으로 넘겨 반 접는다. (총 3cm) **8**의 바늘땀이 안 보이게 그 위로 겹쳐 박는다. 원단 뒤쪽 구멍(**6**에서 바느질 하지 않은 부분)에 고무밴드를 넣고 양끝을 겹쳐 박는다.

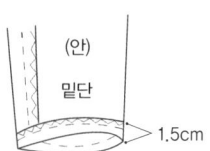

**10_** 두 밑단은 시접을 안면 쪽으로 1.5cm 접어 오버록스티치 위로 박는다.

Tip. 밑단을 그대로 오버록스티치해 마무리해도 좋아요.

# 멜빵 블루머

» page 054

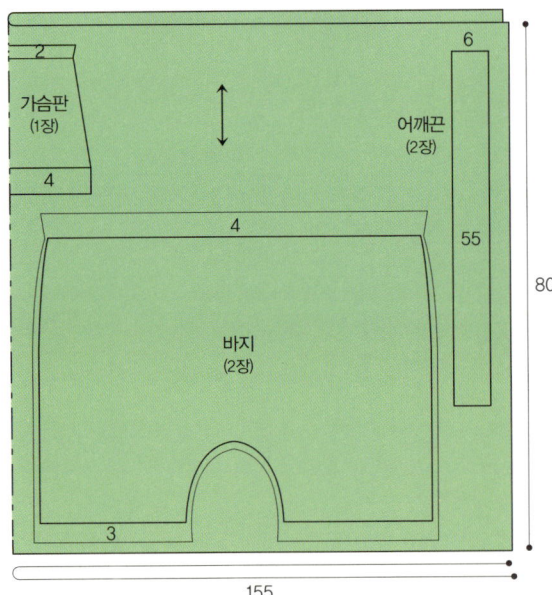

| 2 |
| 가슴판 (1장) |
| 4 |

| 6 |
| 어깨끈 (2장) |
| 55 |

| 4 |
| 바지 (2장) |
| 3 |

80

155

**[ 재료 ]**

체크 원단
폭 1.5cm 고무밴드 30cm
폭 1cm 고무밴드 30cm
나무단추 3개

**[ 사용한 원단 ]**

블랙와치 체크 면 마 리넨

**[ 만드는 순서 ]**

① 가슴판
② 어깨끈
③ 바지
④ 고무밴드
⑤ 단춧구멍

**[ 원단 사용 순서 ]**

가슴판
어깨끈
바지

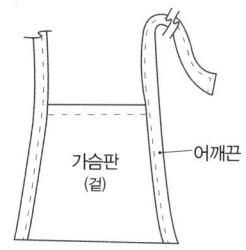

가슴판
(겉)

어깨끈

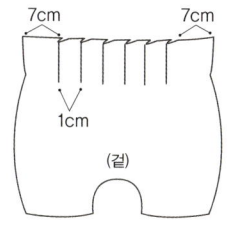

7cm          7cm

1cm

(겉)

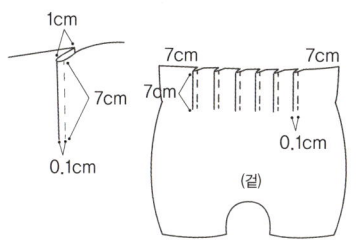

1cm

7cm

7cm          7cm

7cm

0.1cm

0.1cm

(겉)

**1_** 멜빵 원피스(154페이지) **1~4**번을 따라 가슴판과 어깨끈을 연결한다.

**2_** 바지 원단 1장을 준비한다. 겉면 윗부분 양옆에서 7cm 떨어진 위치에서 시작해 1cm 폭으로 접어 주름 6개를 만든다.

**3_** 주름 끝에서 0.1cm 떨어진 위치에 상침질한다.

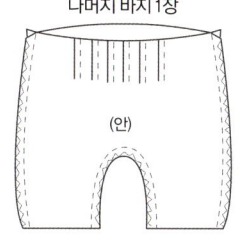

나머지 바지 1장

(안)

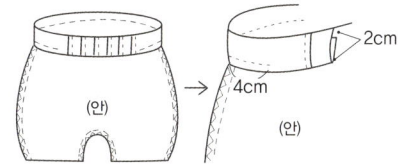

(안)

2cm

4cm

(안)

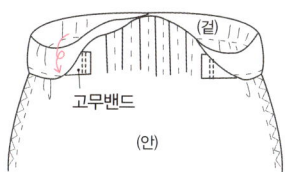

(겉)

고무밴드

(안)

**4_** 남은 바지 원단 1장을 **3**의 바지 원단과 겉면끼리 맞댄다. 양 옆선과 가랑이 부분을 박은 뒤 오버록스 티치한다.

**5_** 허리 부분 시접을 안면 쪽으로 2cm 폭으로 2번 접는다. 한쪽 옆선 4cm 지점을 시작으로 뒤판, 반대쪽 4cm 지점까지 쭉 이어 시접 끝을 따라 박는다.

**6_** 허리 부분에 폭 1.5cm 고무밴드를 넣고 밴드 양끝을 바지 원단 안면에 박는다.

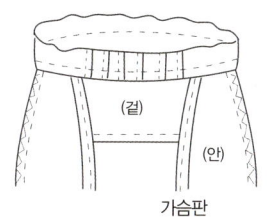

(겉)

(안)

가슴판

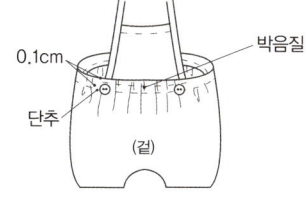

0.1cm

박음질

단추

(겉)

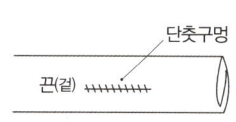

단춧구멍

끈(겉)

**7_** **1**의 가슴판을 바지 앞쪽 허리 부분에 거꾸로 끼운 뒤 **5**의 박음선을 이어 박는다.

**8_** 바지를 겉면이 보이게 뒤집은 뒤 가슴판을 위로 올린다. 가슴판과 겹치는 허리 부분의 위쪽 끝에서 0.1cm 떨어진 위치에 박음질한다. 양끝에 단추를 단다.

**9_** 어깨끈 끝부분에 단춧구멍을 2개 씩 낸다. (113페이지 단춧구멍 만들기 참고)

Tip. 아이 키에 맞춰 단춧구멍 위치를 조절해요.

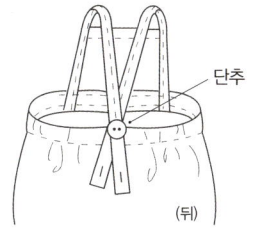

단추

(뒤)

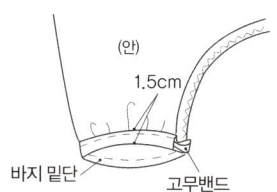

(안)

1.5cm

바지 밑단

고무밴드

**10_** 바지 뒤쪽 허리 정중앙에 단추를 단다.

**11_** 바지 밑단은 시접을 안면 쪽으로 1.5cm씩 2번 접어 박고 고무밴드를 넣어 주름을 만든다.

# 루즈핏 블루머

» page **058**

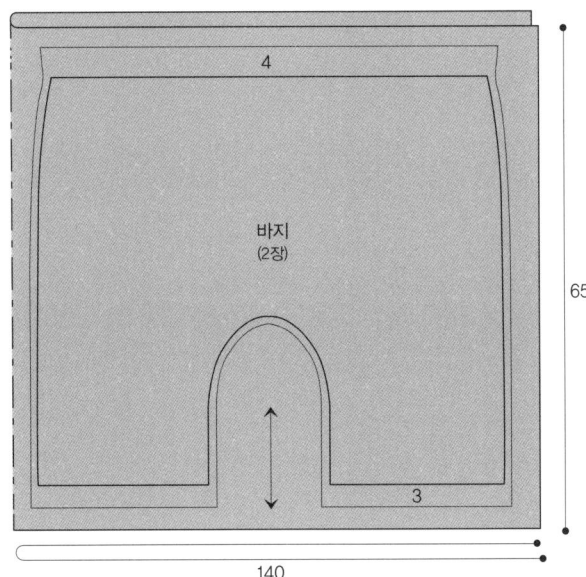

**[ 재료 ]**

원단
폭 2cm 고무밴드 50cm
폭 1cm 고무밴드 30cm

**[ 사용한 원단 ]**

더블거즈 리넨
면 원단

**[ 만드는 순서 ]**

① 바지
② 고무밴드

**[ 원단 사용 순서 ]**

바지

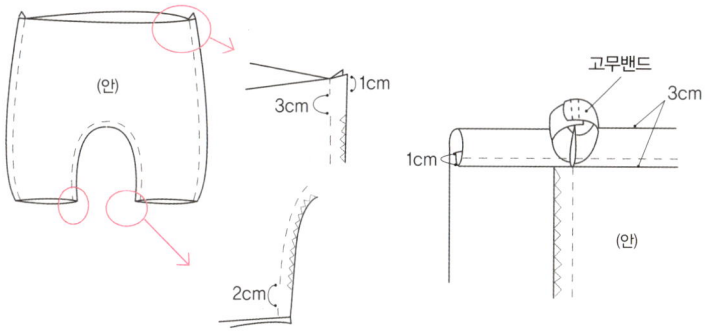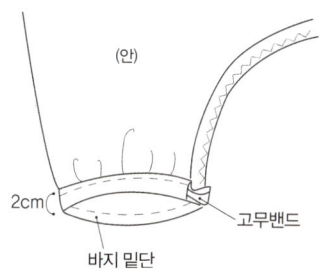

**1_** 원단 2장을 겉면끼리 맞댄다. 한쪽 옆선은 위에서 끝까지 이어박고 오버록스티치한다. 맞은편 옆선은 허리 끝에서 1cm 떨어진 위치까지 박고 3cm 남긴다. 남긴 위치부터 밑단까지 이어 박고 오버록스티치한다. 가랑이 부분은 양 밑단 끝에서 1cm 떨어진 위치까지 박고 2cm 남긴 뒤 이어 박고 오버록스티치한다.

**2_** 허리 부분 시접을 4cm 안면 쪽으로 접고 다시 1cm 접어(총 3cm) 다림질한다. 접은 아래 시접을 따라 박는다. 밴드 구멍에 폭 2cm 고무밴드를 넣고 허리둘레에 맞춰 밴드 양끝을 겹쳐 박는다.

**3_** 바지 밑단도 같은 방법으로 1cm 접고 다시 2cm 접어 박은 뒤 폭 1cm 고무밴드를 넣어 주름을 만든다.

# 스카이블루 멜빵 원피스 For kids

» page 066

# 잔꽃 패턴 멜빵 원피스 For moms

» page 067

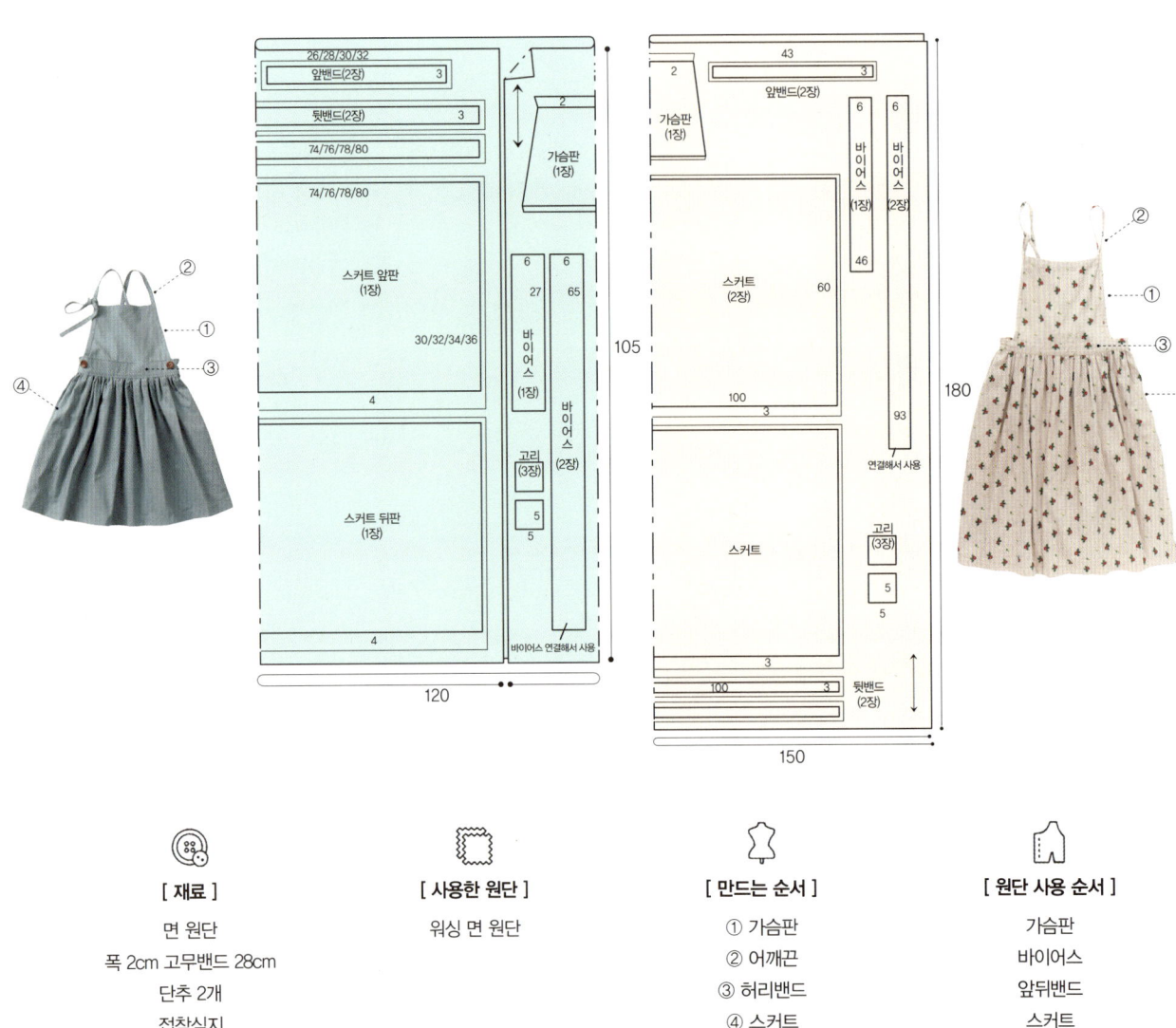

**[ 재료 ]**

면 원단

폭 2cm 고무밴드 28cm

단추 2개

접착심지

**[ 사용한 원단 ]**

워싱 면 원단

**[ 만드는 순서 ]**

① 가슴판

② 어깨끈

③ 허리밴드

④ 스커트

**[ 원단 사용 순서 ]**

가슴판

바이어스

앞뒤밴드

스커트

※ **미리 준비하기!** 앞밴드 1장의 앞면 쪽에 접착심지(부드러운 심지)를 미리 붙여놓아요.

엄마 멜빵 원피스는 아이 멜빵 원피스와 만드는 방법은 같으나 가슴판 도안과 사이즈가 달라요.
재단표와 완성 사이즈를 참고해 재단한 뒤 만들어보세요.

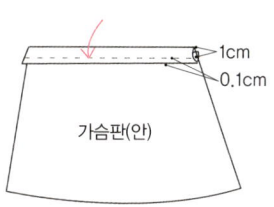

1_ 가슴판 원단 윗부분 시접을 안면 쪽으로 1cm 폭으로 2번 접는다. 밑에서 0.1cm 떨어진 위치를 박는다.

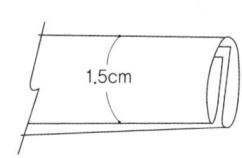

2_ 바이어스 원단(짧은 바이어스, 긴 바이어스)은 각각 1.5cm 폭으로 4번 접은 뒤 다림질한다.

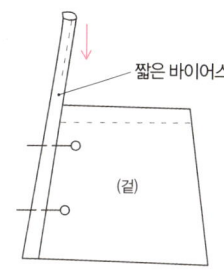

3_ 짧은 바이어스로 1의 가슴판 왼쪽 끝을 감싼 뒤 시침핀으로 고정한다. 바이어스의 위에서부터 가슴판 전까지 박는다.

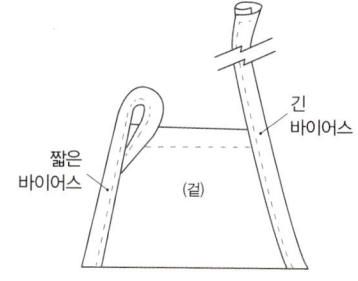

4_ 3의 바이어스 끝을 둥글게 구부린다. 도안선을 따라 가슴판과 바이어스 사이에 끼운 뒤 박는다. 맞은편 가슴판에 긴 바이어스를 끼워박는다.

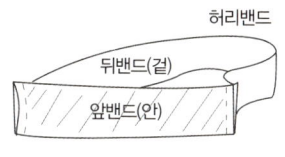

5_ 접착심지를 붙인 앞밴드와 뒷밴드를 각각 1장씩 준비한다. 겉면끼리 맞닿게 양끝을 겹쳐 박는다.

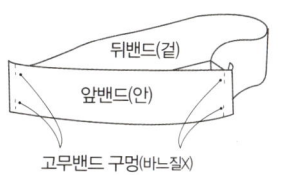

6_ 남은 앞밴드와 뒷밴드는 양끝을 겹치되 위아래 시접 부분만 박는다.

Tip. 박지 않은 부분은 밴드 구멍이 돼요.

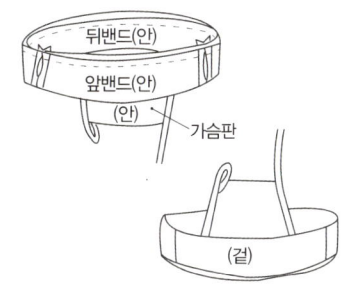
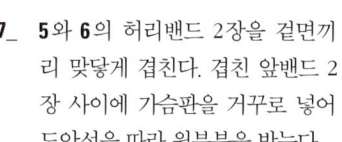

7_ 5와 6의 허리밴드 2장을 겉면끼리 맞닿게 겹친다. 겹친 앞밴드 2장 사이에 가슴판을 거꾸로 넣어 도안선을 따라 윗부분을 박는다.

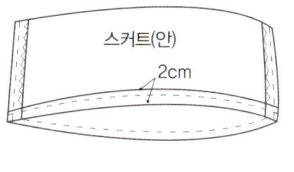

8_ 스커트 앞판과 뒤판을 겉면끼리 맞대 양 옆선을 박고 오버록스티치한다. 밑단 시접을 안면 쪽으로 2cm 폭으로 2번 접어 시접 윗부분을 박는다.

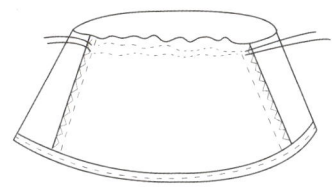

9_ 스커트 앞판 위쪽에 도안선을 따라 위아래로 홈질한 뒤 실을 당겨 주름을 만든다.

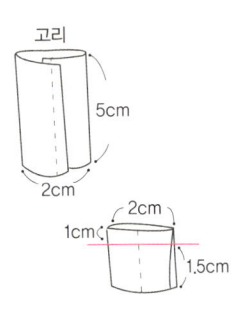

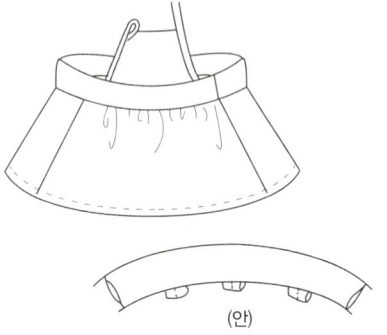

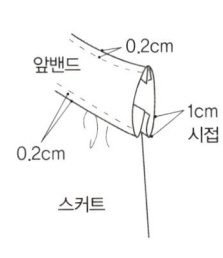

**10_** 고리용 원단(3장)을 2cm 폭으로 2 번 접는다. 겹친 끝을 박은 뒤 가 로로 반 접어놓는다.

**11_** **7**의 허리밴드 아래쪽 시접을 안으 로 접어 다린다. 2겹 사이에 스커 트 원단을 집어넣는다. 뒤쪽 허리 밴드에서 스커트와 겹치는 부분 안쪽에 고리 3개를 끼워 고정한다

**12_** 허리밴드 아래쪽(스커트 원단이 겹 치는 부분)에서 0.2cm 떨어진 위 치를 쭉 박는다. 허리밴드의 윗부 분은 0.2cm 떨어진 위치를 쭉 상 침질한다.

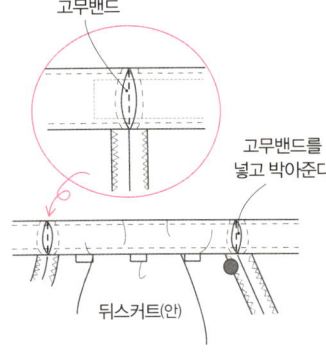

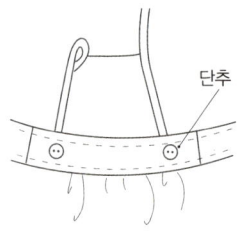

**13_** 허리밴드 안쪽 옆 구멍에 고무밴 드를 넣어 밴드 양끝이 구멍에 오 게 늘인다. 밴드 구멍의 양옆 원단 은 벌려 안쪽 허리밴드 원단과 고 무밴드만 박는다. 밴드 구멍은 공 그르기로 막는다.

**14_** 허리밴드 겉면 양옆에 단추를 단다.

# 세일러칼라 원피스

» page 070

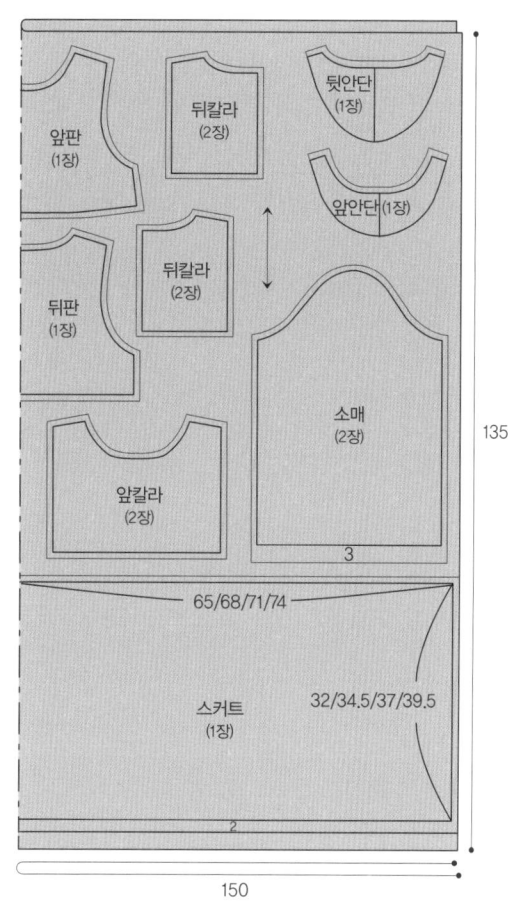

앞판
(1장)

뒤칼라
(2장)

뒷안단
(1장)

뒤판
(1장)

뒤칼라
(2장)

앞안단(1장)

소매
(2장)

앞칼라
(2장)

3

135

65/68/71/74

스커트
(1장)

32/34.5/37/39.5

2

150

**[ 재료 ]**

감색 니트 원단
폭 0.7cm 면테이프
폭 0.5cm 고무밴드 30cm
스냅단추

**[ 사용한 원단 ]**

30수 정도의 니트 원단

**[ 만드는 순서 ]**

① 칼라
② 몸판
③ 소매
④ 스커트

**[ 원단 사용 순서 ]**

칼라
안단
앞판, 뒤판
소매
스커트

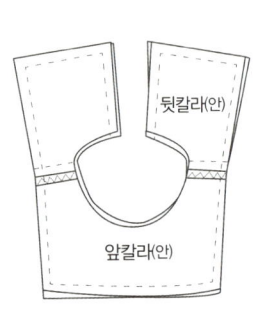
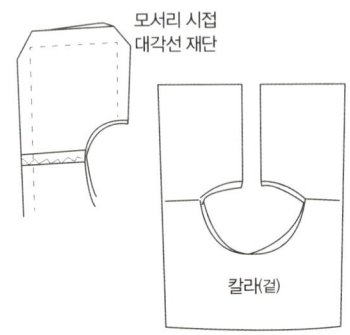
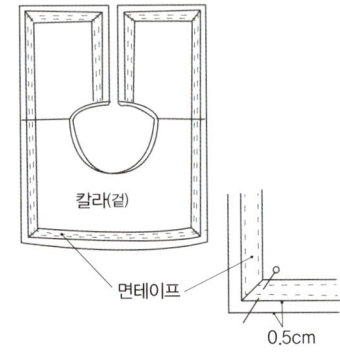

**1_** 앞칼라와 뒷칼라를 겉면끼리 겹친 다. 어깨선을 박고 오버록스티치 해 시접을 앞칼라 쪽으로 넘긴다. 총 2개를 만들어 겉면끼리 맞닿게 놓고 네크라인을 제외한 나머지 부분을 도안선을 따라 박는다.

**2_** 모서리 시접을 대각선으로 자른 뒤 겉면이 보이게 전체를 뒤집는다.

**3_** 면테이프를 칼라 끝에서 0.5cm 떨어진 위치에 올려놓는다. 모서 리 부분은 90도로 꺾어 접는다. 면테이프 양끝을 나란히 박는다.

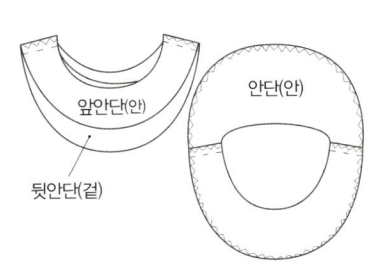

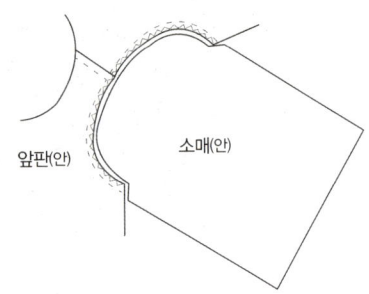

**4_** 앞·뒤 안단을 겉면끼리 겹쳐 어깨 선을 박고 오버록스티치한다. 펼 쳐 가장자리를 오버록스티치한다.

**5_** 앞판과 뒤판을 겉면끼리 맞대 어 깨선을 박고 오버록스티치한다. 시접은 뒤판 쪽으로 넘긴다.

**6_** 앞판과 뒤판을 안면이 보이게 펼 친다. 양옆 진동둘레에 소매선을 겹쳐 박고 오버록스티치한다.

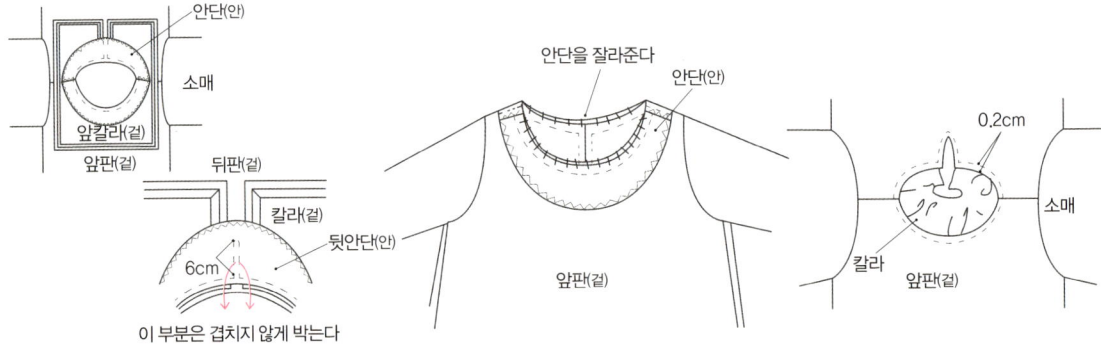

**7_** 겉면이 보이게 뒤집어놓는다. 네 크라인에 맞춰 **3**의 칼라와 **4**의 안 단을 차례로 펼쳐 올린다. 네크라 인 도안선을 따라 박는다.

**8_** 둥근 네크라인 시접에 가위집을 넣는다. 뒷안단의 중심선을 세로 로 자른다.

**9_** 안단을 안면 쪽으로 넘긴다. 칼라 를 세운 상태로 다림질한다. 몸판 과 안단만 겹쳐 네크라인을 따라 0.2cm 떨어진 위치에 상침질한다.

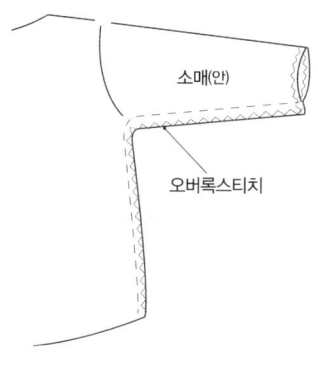

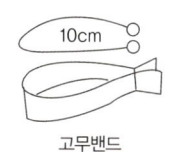

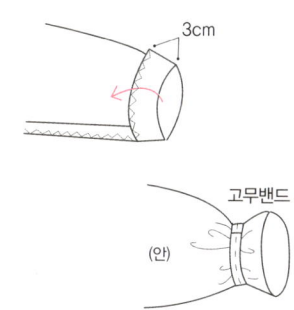

**10_** 안면이 보이게 앞·뒤판을 접는다. 양 소매 아래에서 몸통 옆선까지 한번에 박고 오버록스티치한다. 소매 끝부분도 오버록스티치한다.

**11_** 폭 0.5cm의 고무밴드를 10cm 길이로 2개 준비해 각각 양끝을 겹쳐 박는다.

**12_** 소매 밑단을 안면 쪽으로 한 번 접는다. 고무밴드를 접은 시접에 맞춰 끼운다. 밴드를 소매둘레만큼 늘린 뒤 소매와 겹쳐 박는다.

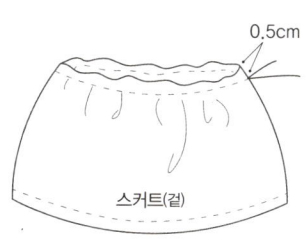

**13_** 스커트 원단은 안면이 보이게 반접어 옆선을 박고 오버록스티치한다. 밑단을 오버록스티치한 뒤 안면 쪽으로 접는다. 오버록스티치 위로 박는다.

**14_** 겉면이 보이게 뒤집는다. 윗부분은 도안선을 따라 0.5cm 위로 시침질하고 몸판 밑단 둘레에 맞춰 실을 당긴다.

**15_** 안면이 보이게 스커트를 다시 뒤집는다. 스커트 안으로 몸판을 거꾸로 넣는다. 겉면끼리 맞닿게 허리부분을 겹친 뒤 고정하고 박는다. 시접을 오버록스티치한 뒤 겉면이 보이게 전체를 뒤집는다.

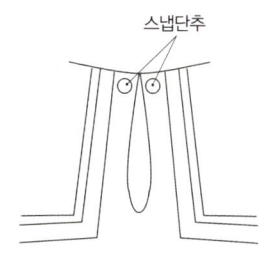

**16_** 뒤판 여밈 부분에 스냅단추를 단다.

# 무지 원피스

» page **073**

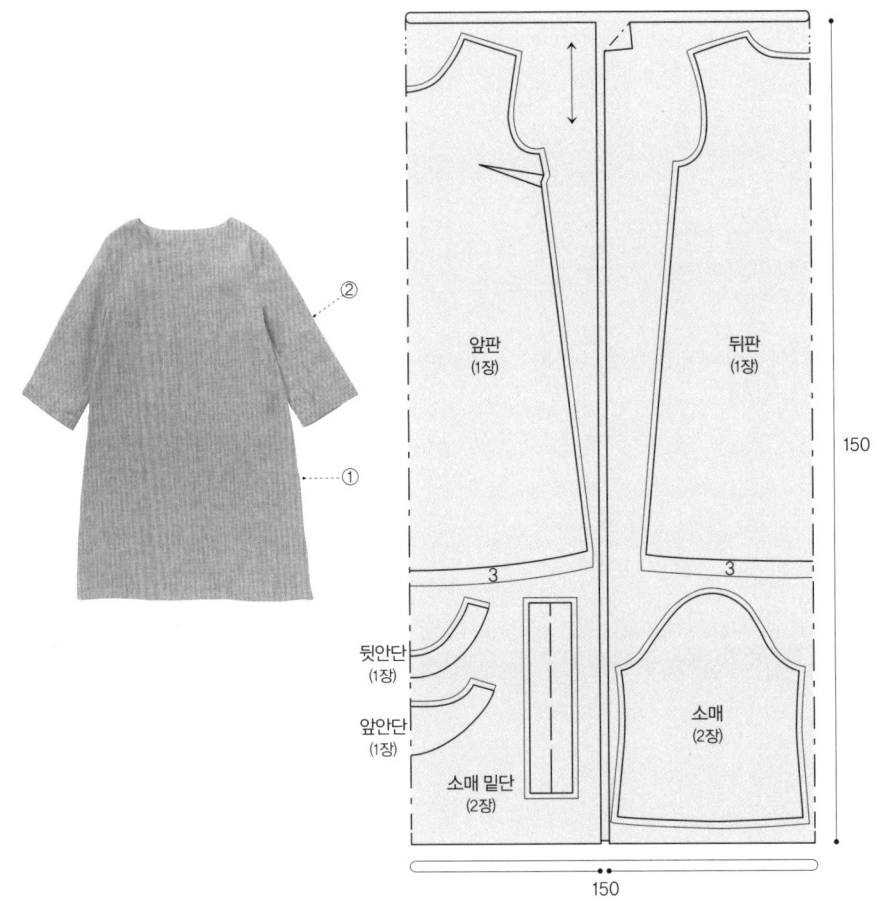

앞판
(1장)

뒤판
(1장)

150

3                    3

뒷안단
(1장)

앞안단
(1장)

소매
(2장)

소매 밑단
(2장)

150

**[ 재료 ]**

리넨 원단

**[ 사용한 원단 ]**

100% 리넨(회색)

100% 스트라이프 리넨(파랑색)

**[ 만드는 순서 ]**

① 몸판

② 소매

**[ 원단 사용 순서 ]**

앞·뒤 안단

앞판, 뒤판

소매

소매 밑단

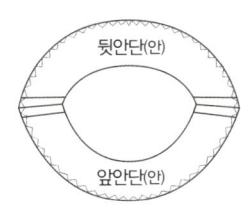

**1_** 앞·뒤 안단을 겉면끼리 겹쳐 박은 뒤 펼쳐서 바깥선을 오버록스티치한다.

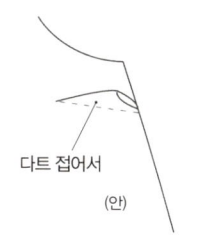

다트 접어서
(안)

**2_** 도안을 따라 앞판 양옆 가슴 다트 선을 접어 박는다. 시접을 아래로 내려 다림질한다.

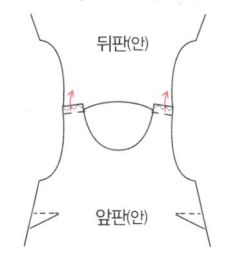

뒤판(안)
앞판(안)

**3_** 앞판과 뒤판을 겉면끼리 겹쳐 놓는다. 어깨선을 박고 시접은 오버록 스티치한 뒤 뒤판 쪽으로 넘긴다.

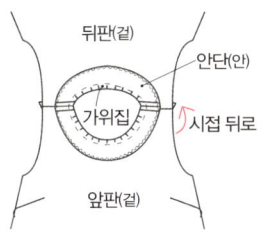

뒤판(겉)
안단(안)
가위집
시접 뒤로
앞판(겉)

**4_** **3**의 겉면 네크라인에 **1**을 안면이 보이게 올린다. 도안선을 따라 박은 뒤 시접에 가위집을 넣는다.

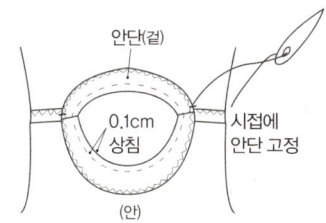

안단(겉)
0.1cm 상침
시접에 안단 고정
(안)

**5_** 안단을 안면 쪽으로 넘겨 다림질한다. 네크라인에서 0.1cm 떨어진 위치에 상침질한 뒤 어깨 시접에 안단 끝을 두 땀 떠서 고정한다.

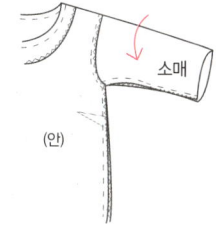

소매
(안)

**6_** 몸판 양옆 진동둘레에 소매를 맞춰 박고 오버록스티치한다. 소매를 어깨선에 맞춰 접는다. 도안을 따라 소매 옆선에서 몸판 옆선까지 이어 박고 오버록스티치한다.

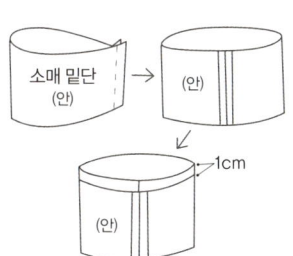

소매 밑단 (안) → (안) 1cm (안)

**7_** 소매 밑단을 안면이 보이게 반 접어 옆선을 박은 뒤 시접을 가름솔로 펼친다. 위쪽 시접을 1cm 안면 쪽으로 접어 다림질한다.

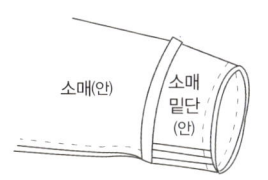

소매(안)
소매 밑단 (안)

**8_** **7**의 소매 밑단을 **6**의 소맷단 위에 끼운 뒤 도안선을 따라 박는다.

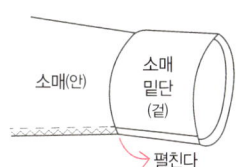

소매(안)
소매 밑단 (겉)
펼친다

**9_** 박음선을 중심으로 밑단을 겉면이 보이게 펼친다.

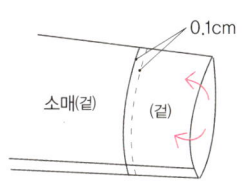

0.1cm
소매(겉) (겉)

**10_** 전체를 겉면이 보이게 뒤집는다. **9**의 소매 밑단을 반 접어 0.1cm 떨어진 위치에 상침질한다.

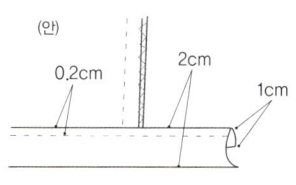

(안)
0.2cm
2cm
1cm

**11_** 몸판 밑단을 안면 쪽으로 1cm 접고 다시 2cm 접어 올려 위에서 0.2cm 떨어진 위치를 박는다.

# 체크 무늬 원피스

» page **072**

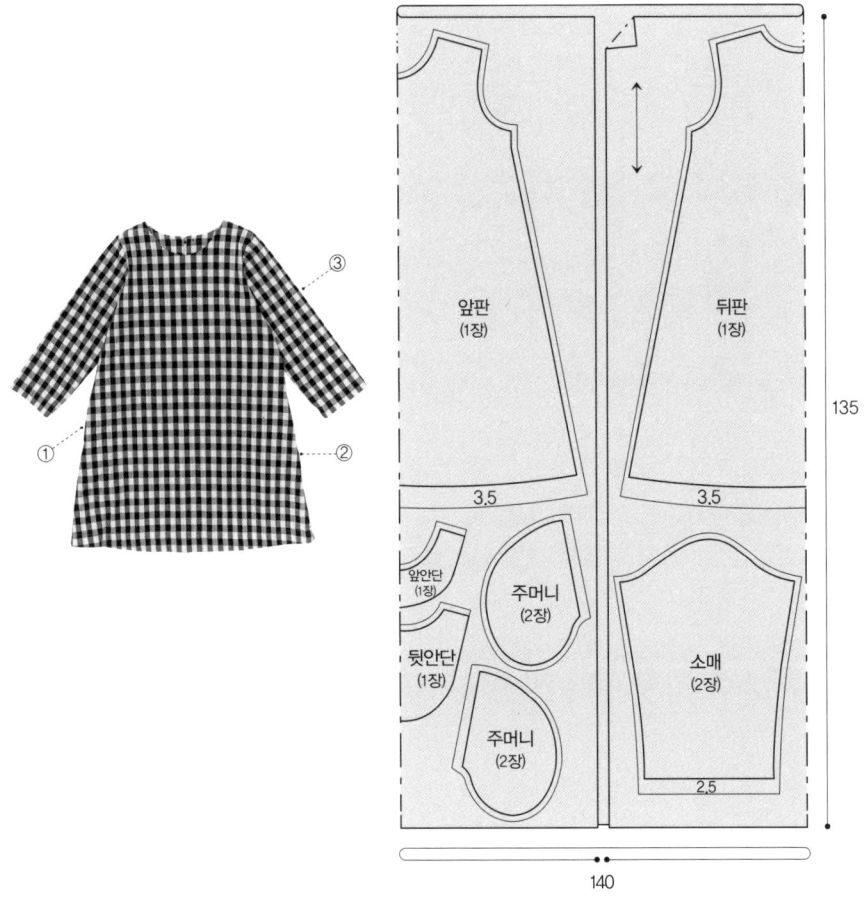

앞판
(1장)

뒤판
(1장)

3.5

3.5

135

앞안단
(1장)

주머니
(2장)

뒷안단
(1장)

소매
(2장)

주머니
(2장)

2.5

140

[ 재료 ]

체크 원단
단추

[ 사용한 원단 ]

30수 선염체크 면 원단

[ 만드는 순서 ]

① 주머니
② 원피스
③ 소매

[ 원단 사용 순서 ]

주머니 원단
앞·뒤 안단
앞판, 뒤판
소매

※ **미리 준비하기!** 원단 고리는 원단 고리 만드는 방법(114페이지)을 참고하여 미리 만들어놓으세요.

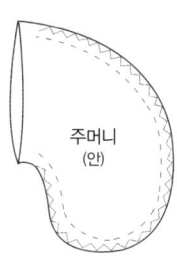

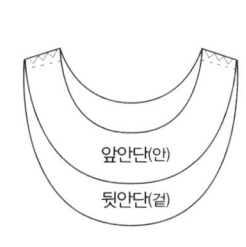

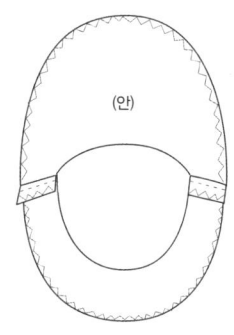

**1_** 주머니 원단을 2장씩 겉면끼리 맞
닿게 겹쳐놓는다. 입구 양옆 시접
을 제외한 둥근 선을 이어 박고
오버록스티치한다.

**2_** 앞·뒤 안단을 겉면끼리 맞대고 어
깨선을 박은 뒤 오버록스티치한다.

**3_** **2**를 안면이 보이게 펼쳐 끝부분을
빙 둘러 오버록스티치한다.

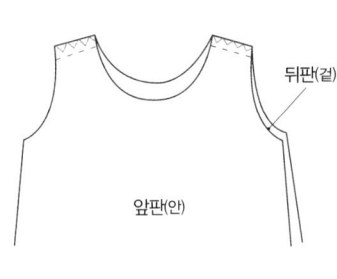

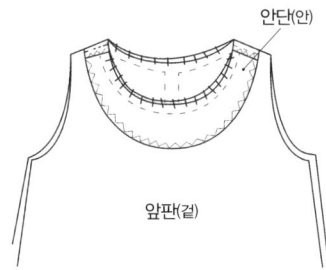

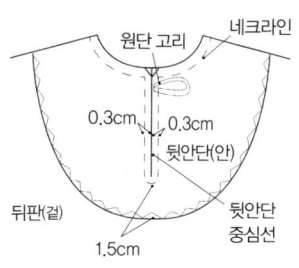

**4_** 앞판과 뒤판을 겉면끼리 맞대고
어깨선을 박은 뒤 오버록스티치
한다.

**5_** 겉면이 보이게 뒤집은 뒤 **3**을 네
크라인에 맞춰 안면이 보이게 올
린다. 네크라인을 따라 박는다.

**6_** 원단 고리를 반으로 접어 안단과
뒤판 사이의 여밈선 한쪽에 겹쳐
놓는다. 네크라인을 따라 박고 T
자 형태로 한 번 더 박아 여밈을
만든다. 네크라인 시접에 가위집
을 넣고 모서리 시접은 대각선으
로 잘라낸다.

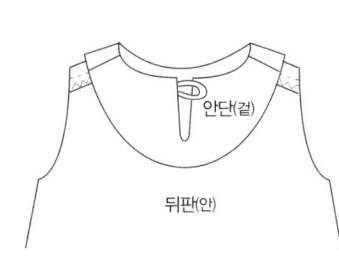

**7_** 안면이 보이게 뒤집는다. 도안선
을 따라 네크라인을 잘 편 뒤 다
림질한다.

**8_** 겉면이 보이게 뒤집어 네크라인
에서 0.2cm 떨어진 위치에 상침
질한다.

**9_** 안면이 보이게 뒤집어 앞판과 뒤
판 옆선을 각각 오버록스티치한
다. 주머니 부분을 제외하고 옆선
을 겹쳐 박는다.

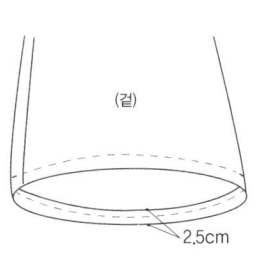

**10_** 밑단은 안면 쪽으로 1cm 접고 다시 2.5cm 폭으로 2번 접어 박는다.

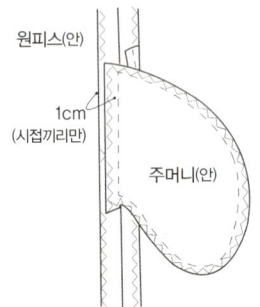

**11_** 주머니의 입구 부분 시접을 양쪽으로 벌린다. 몸판 주머니 부분에 시접끼리만 겹쳐놓은 뒤 끝에서 1cm 떨어진 위치를 박는다.

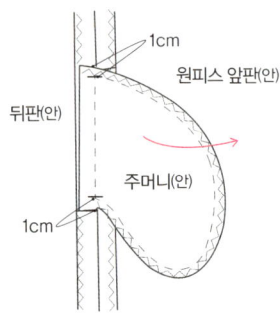

**12_** 주머니를 앞판 쪽으로 넘겨 위아래 1cm 떨어진 위치를 각각 한 땀씩 되박는다.

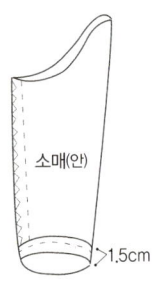

**13_** 소매는 안면이 보이게 반 접어 옆선을 박고 오버록스티치한다. 밑단은 안면 쪽으로 1cm 접고 다시 1.5cm 접어 올린다. 접은 시접 윗선을 따라 박는다.

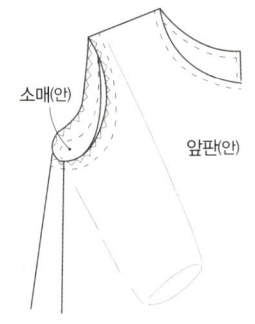

**14_** 몸판 진동둘레에 소매를 맞춰 겹친 뒤 박고 오버록스티치한다.

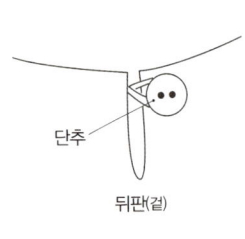

**15_** 겉면이 보이게 뒤집는다. 뒤판 원단 고리 맞은편에 단추를 단다.

# 앞단추 원피스

» page 076

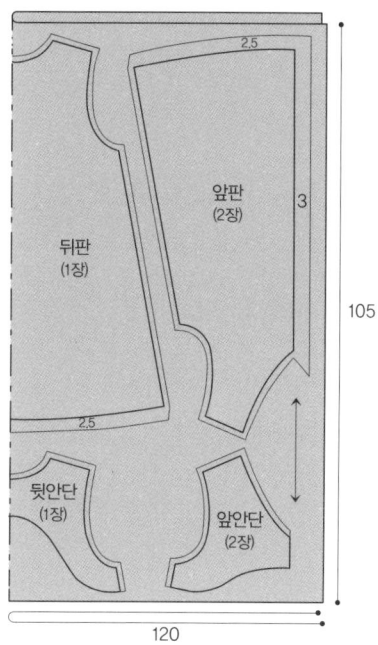

2.5

앞판
(2장)

3

뒤판
(1장)

105

2.5

뒷안단
(1장)

앞안단
(2장)

120

[ 재료 ]

얇은 모직 원단

단추 6개

[ 사용한 원단 ]

체크 모 혼방 원단

(원피스용으로 두껍지 않은 원단)

[ 만드는 순서 ]

① 원피스

② 단춧구멍

[ 원단 사용 순서 ]

앞·뒤 안단

앞판, 뒤판

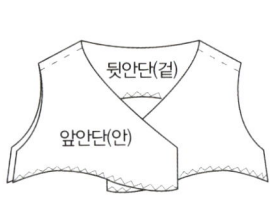

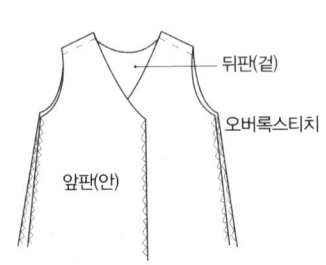

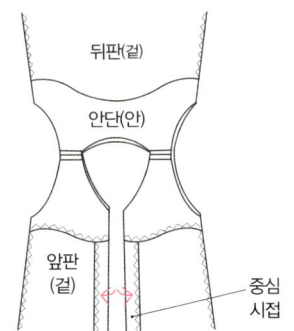

**1_** 앞안단과 뒷안단을 겉면끼리 맞닿게 겹쳐 어깨선을 박고 밑단을 각각 오버록스티치한다.

**2_** 앞판과 뒤판을 겉면끼리 맞닿게 겹쳐 어깨선을 박은 뒤 옆선과 앞판 중심선을 각각 오버록스티치한다.

**3_** 몸판을 겉면이 보이게 펼친다. 앞판 중심 시접을 겉면 쪽으로 접는다. 1을 안면이 보이게 네크라인에 맞춰 올린다.

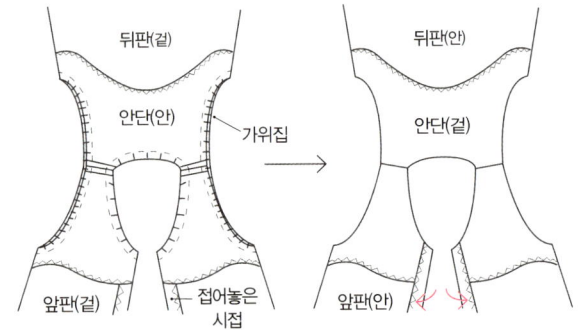

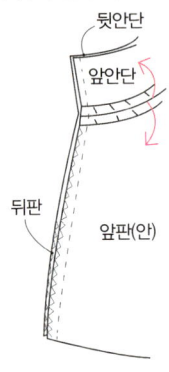

**4_** 네크라인과 양쪽 진동둘레를 박는다. 시접에 가위집을 낸 뒤 뒤판과 뒷안단 사이에 손을 넣어 앞판을 잡아 당겨 뺀다. (전체가 뒤집어진 모습으로 바뀐다.)

**5_** 앞·뒤판을 겉면끼리 맞닿게 겹쳐 놓는다. 앞·뒤 안단은 모두 위로 올려 안단끼리 겹치고 시접을 가름솔로 펼쳐 옆선을 이어 박는다.

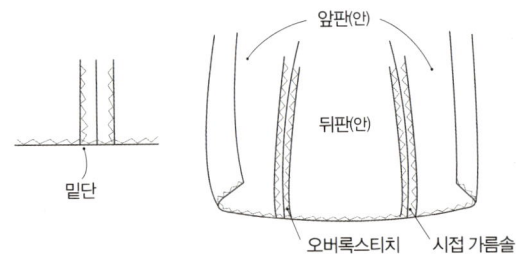

**6_** 밑단을 오버록스티치한다. 이때 옆선 시접은 가름솔로 펼친다.

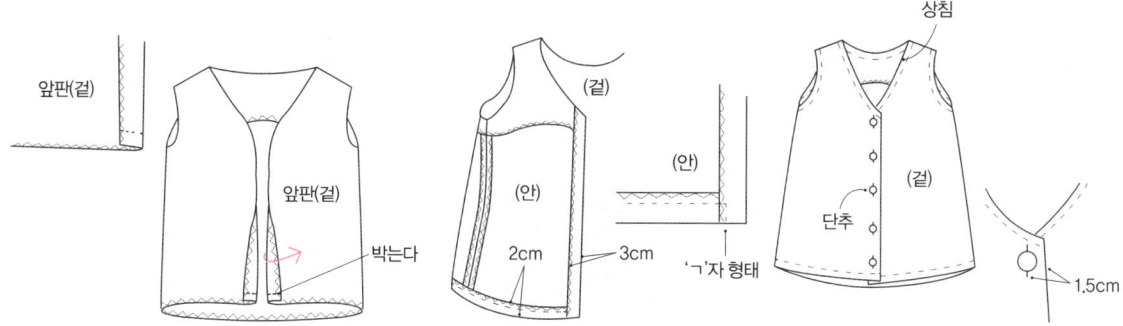

앞판(겉)

앞판(겉)

앞판(겉)

박는다

(겉)

(안)

2cm

3cm

(안)

'ㄱ'자 형태

상침

(겉)

단추

1.5cm

**7_** 앞판 중심 시접을 아래쪽만 겉면 쪽으로 접어 시접과 겹치는 부분의 밑단 도안선만 박는다.

**8_** 밑단 시접을 안면 쪽으로 접어 박는다. 앞판 중심 시접 위 0.1cm 지점까지 'ㄱ'자 형태로 박는다.

**9_** 겉면이 보이게 뒤집는다. 네크라인과 양옆 진동둘레를 상침질한다. 앞여밈이 겹치는 한쪽에 일정한 간격으로 단춧구멍을 내고 맞은편에 단추를 단다. (113페이지 단춧구멍 만들기 참고)

단추를 풀어서
조끼처럼 입어도 좋아요!

# 베스트 원피스

**» page 078**

① ·····

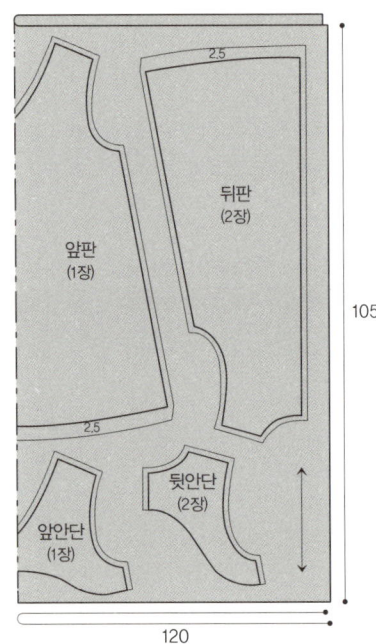

---

**[ 재료 ]**

얇은 모직 원단
단추 1개

**[ 사용한 원단 ]**

체크 모 혼방 원단
(원피스용으로 두껍지 않은 원단)

**[ 만드는 순서 ]**

① 원피스

**[ 원단 사용 순서 ]**

앞 · 뒤 안단
앞판, 뒤판

---

※ **미리 준비하기!** 원단 고리는 원단 고리 만드는 방법(114페이지)를 참고해 미리 만들어놓으세요.

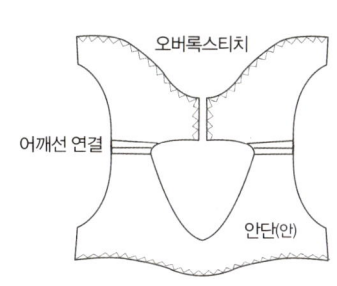

오버록스티치
어깨선 연결
안단(안)

뒤판
앞판(안)

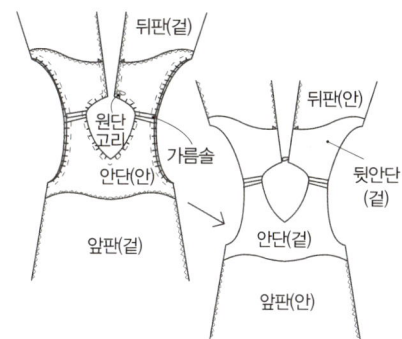

뒤판(겉)
원단 고리
가름솔
안단(안)
앞판(겉)
뒤판(안)
뒷안단(겉)
안단(겉)
앞판(안)

**1_** 앞·뒤 안단의 어깨선을 겉면끼리 겹쳐 박는다. 뒷안단 중심선 시접과 앞·뒤 안단 아래쪽 시접을 오버록스티치한다.

**2_** 앞판과 뒤판 어깨선을 겹쳐 박고 양 옆선 시접을 각각 오버록스티치한다. 뒤판 중심 시접도 오버록스티치한다.

**3_** 몸판을 겉면이 보이게 펼친 뒤 안단을 안면이 보이게 네크라인에 맞춰 올린다. 뒤판 위쪽 중심선에 미리 만들어놓은 원단 고리를 접어 넣는다. 네크라인과 양쪽 진동 둘레를 박고 뒤판과 뒷안단 사이에 손을 넣어 앞판을 잡아 당겨 뺀다. (전체가 뒤집어진 모습으로 바뀐다.)

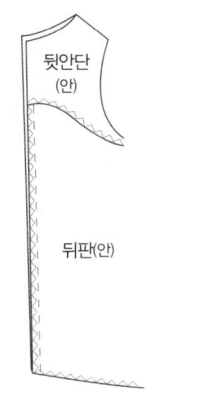

뒷안단(안)
뒤판(안)

뒷안단
안단(안)
시접(가름솔)
앞판(안)
뒤판

스커트(안)
오버록스티치

**4_** 뒤판 2장의 중심선을 겉면끼리 맞닿게 겹쳐 박고 오버록스티치한다.

**5_** 앞·뒤판을 겉면이 맞닿게 놓는다. 안단을 위로 올려 안단끼리 겹친 상태로 양 옆선을 이어 박는다. 겉면이 보이게 뒤집은 뒤 원단고리 맞은편에 단추를 단다.

**6_** 밑단 시접은 오버록스티치한 뒤 안면 쪽으로 접는다. 오버록스티치한 선 위를 박는다.

Tip. 두꺼운 원단은 시접을 2번 접는 것보다 오버록스티치한 뒤 1번만 접어 그 위를 박는 게 좋아요.

# 레이스 원피스

» page 080

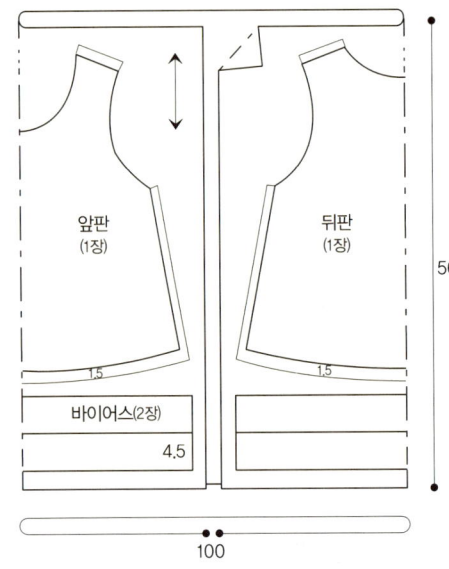

앞판
(1장)

뒤판
(1장)

1.5

1.5

바이어스(2장)

4.5

56

100

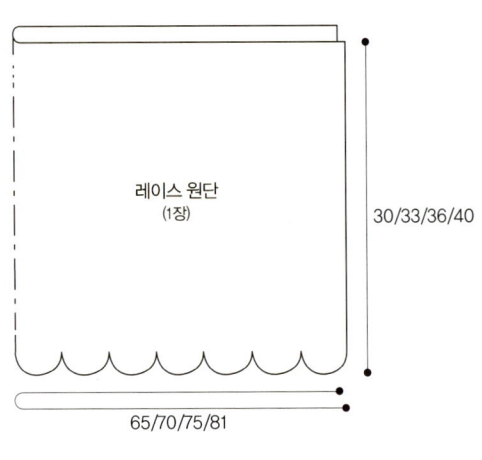

레이스 원단
(1장)

30/33/36/40

65/70/75/81

**[ 재료 ]**

얇은 니트 원단

레이스 면 원단

폭 0.3cm 고무밴드 55cm

**[ 사용한 원단 ]**

얇은 골지 원단

길이가 긴 레이스 면 원단

**[ 만드는 순서 ]**

① 몸판

② 스커트

③ 고무밴드

**[ 원단 사용 순서 ]**

앞판, 뒤판

바이어스

레이스 원단

**1_** 앞판과 뒤판을 겉면끼리 맞대고 오른쪽 어깨선만 박은 뒤 오버록 스티치한다.

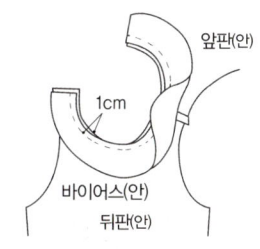

**2_** 앞판과 뒤판을 안면이 보이게 펼 친다. 바이어스를 네크라인에 맞 춰놓은 뒤 위에서 1cm 떨어진 위 치를 박는다.

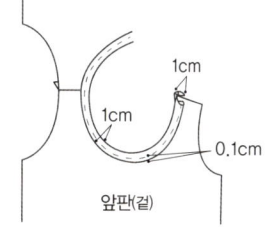

**3_** 바이어스를 겉면 쪽으로 접어 넘 긴 뒤 1cm 폭으로 한 번 더 안으 로 접는다. 밑에서 0.1cm 떨어진 위치를 박는다.

**4_** 앞판과 뒤판을 겉면끼리 맞닿게 접는다. 나머지 한쪽 어깨선을 박 은 뒤 오버록스티치한다.

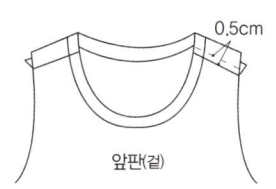

**5_** 어깨 시접을 뒤판 쪽으로 넘긴다. 박음선에서 0.5cm 떨어진 위치를 겉에서 한 번 더 박는다.

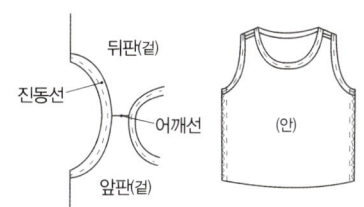

**6_** 몸판을 펼쳐 양옆 진동둘레를 2~3 번과 같은 방법으로 박는다. 겉면 끼리 맞닿게 접어 양 옆선을 박고 오버록스티치한다.

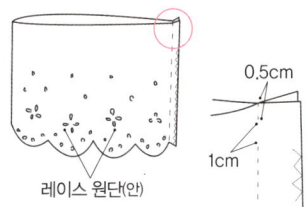

**7_** 레이스 원단을 접어 위에서 0.5cm 까지 박는다. 1cm를 남긴 뒤 끝까 지 박고 오버록스티치한다.

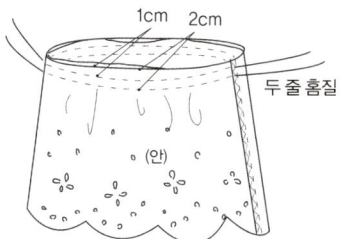

**8_** 위에서 1cm, 2cm 떨어진 위치를 각각 홈질한다.

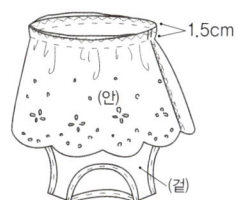

**9_** 6의 몸판 밑단 둘레에 맞춰 8에서 홈질한 실을 당겨 주름을 만든다. 스커트 허리 부분에 몸판을 겉면 끼리 맞닿게 거꾸로 넣는다. 스커 트와 몸판을 겹쳐 위에서 1.5cm 떨어진 도안선을 따라 박고 오버 록스티치한다.

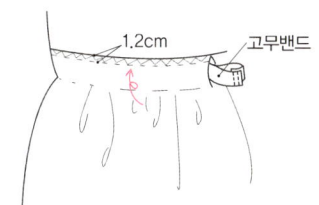

**10_** 전체를 안면이 보이게 펼친다. 허 리 부분 시접을 위로 올려 위에서 1.2cm 떨어진 위치를 한 번 더 박 는다. 밴드 구멍에 고무밴드를 넣 어 고정한다.

# 패브릭 모자

» page **088**

[ 안감 ]

모자
(7장)

32(40)

90(100)

[ 겉감 ]

모자
(7장)

목끈(2장)　　　　40

42(50)

90(100)

[심지]

40(50)

40(50)

괄호 속 숫자는 엄마 모자 사이즈

**[ 재료 ]**

겉감 원단
안감 원단
빳빳한 접착심지

**[ 사용한 원단 ]**

레블론 플라워 원단
워싱광목 자주색
플라워 30수 면

**[ 만드는 순서 ]**

① 겉감
② 안감
③ 목끈

**[ 원단 사용 순서 ]**

겉감
심지
안감
목끈

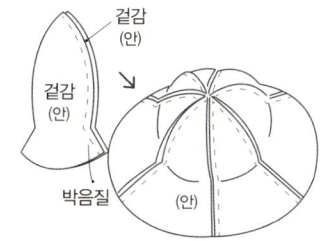

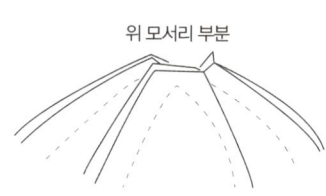

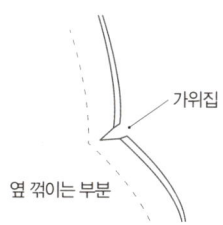

**1_** 겉감(7장) 옆선을 1장씩 겹쳐놓고 차례로 박아 연결한다.

**2_** 위에 모인 모서리 시접을 가로로 잘라낸다.

**3_** 꺾이는 부분(모자 챙)에 가위집을 넣는다.

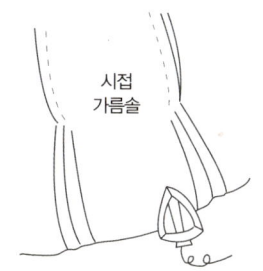

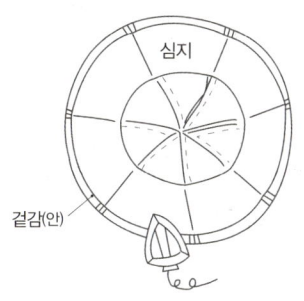

**4_** 꺾이는 부분 아래 시접을 가름솔로 펼쳐 다림질한다.

**5_** 연결한 겉감의 안쪽 챙 부분에 빳빳한 접착심지를 도안선에 맞춰 댄 뒤 다림질하면서 붙인다.

**6_** 안감 원단도 겉감과 같은 방법(1~4번)으로 연결하되 모자챙 한 부분에 창구멍을 남긴다.

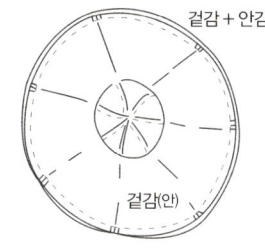

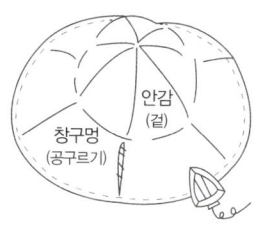

**7_** 겉감과 안감을 겉면끼리 맞닿게 겹친다. 모자 챙의 둥근 바깥선을 이어 박는다.

**8_** 둥근 시접에 가위집을 넣는다.

**9_** 6의 창구멍에 손을 넣어 전체를 뒤집는다. 창구멍을 공그르기한다. 모자 전체를 다림질한 뒤 둥근 바깥선을 따라 상침질한다.

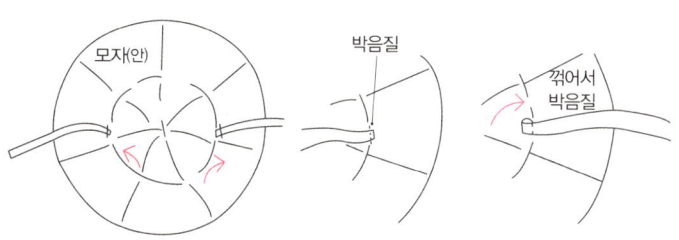

**10_** 목끈을 길게 4등분해 접어(116페이지 원단 끈 만들기 참고) 옆선을 박는다. 모자 안쪽 꺾이는 부분에 단다.

# 헤어핀

» page **090**

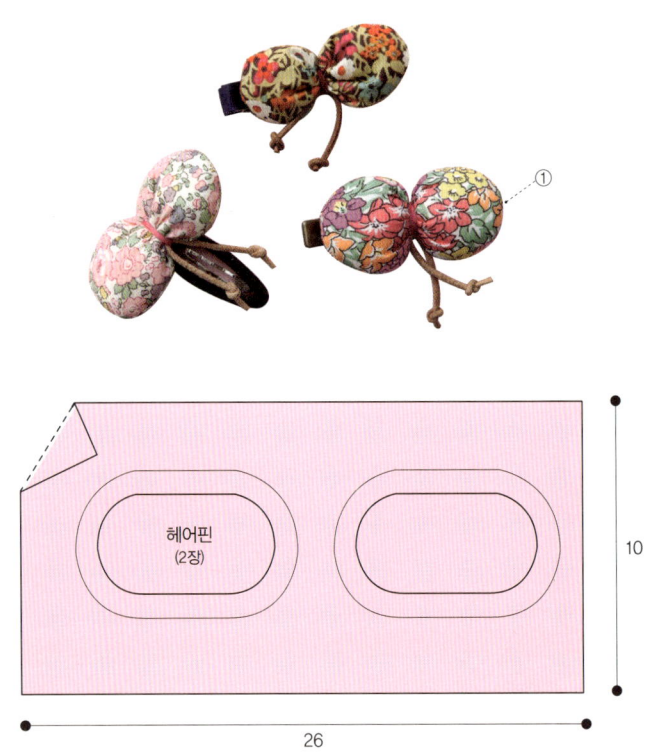

① (diagram label)

헤어핀
(2장)

10

26

**[ 재료 ]**

얇은 조각 원단
얇은 가죽끈 12cm
솜
색실
핀대 1개

**[ 사용한 원단 ]**

60수 론 원단
(리버티, 레브론 등)

**[ 만드는 순서 ]**

① 나비

**[ 원단 사용 순서 ]**

헤어핀

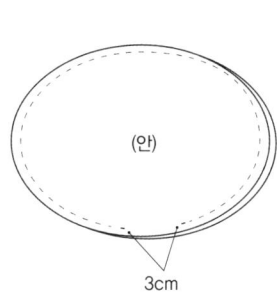

1_ 원단 2장을 겉면끼리 맞닿게 겹친다. 창구멍을 3cm 정도 남기고 쭉 이어 박는다.

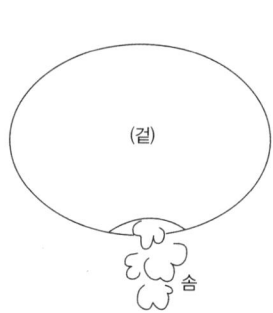

2_ 뒤집어 창구멍에 솜을 넣는다.

Tip. 두께가 1cm 정도 되도록 솜을 넣어요.

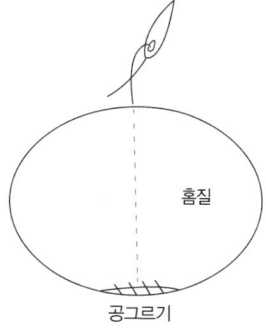

3_ 창구멍을 공그르기한 뒤 원단 정 가운데를 홈질한다.

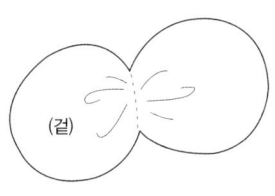

4_ 3의 홈질한 실을 당겨 가운데 부분으로 주름을 모은다. 두껍게 매듭짓는다.

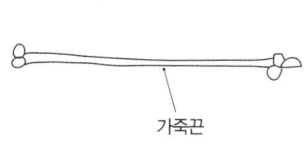

5_ 가죽끈을 6cm 길이로 자른 뒤 양 끝을 매듭짓는다.

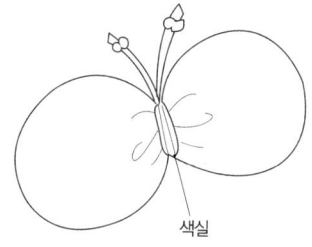

6_ 4의 가운데에 가죽끈 중간 부분을 맞춰 올린다. 색실로 여러 번 감고 매듭짓는다. 안쪽에 접착제를 발라 핀대에 붙인다.

# 헤어밴드

» page 091

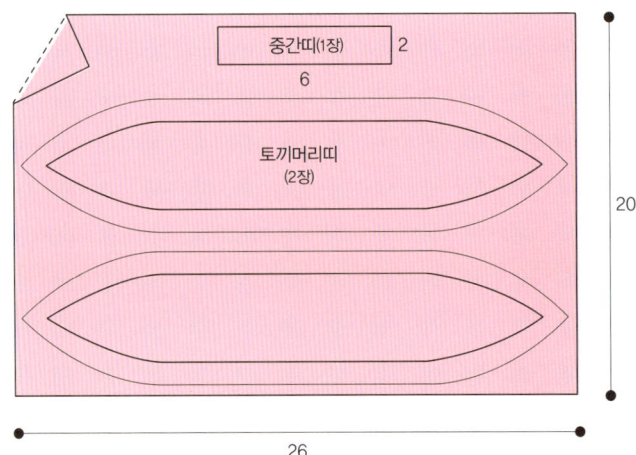

| 중간띠(1장) | 2 |
|---|---|

6

토끼머리띠
(2장)

20

26

**[ 재료 ]**

얇은 꽃무늬 원단
부드러운 심지
솜 약간
공예용 와이어 15cm
머리띠 1개

**[ 사용한 원단 ]**

60수 얇은 원단
(리버티, 레브론등)

**[ 만드는 순서 ]**

① 리본

**[ 원단 사용 순서 ]**

토끼머리띠

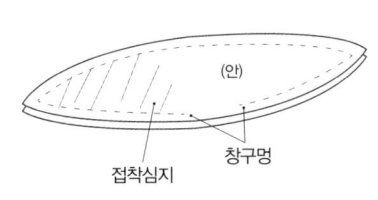

(안)

접착심지 　창구멍

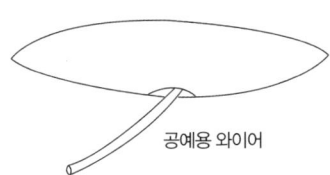

공예용 와이어

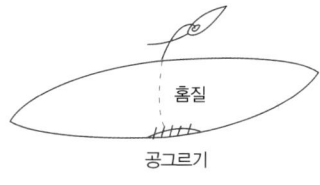

홈질

공그르기

**1_** 헤어밴드 원단(2장) 안면에 각각 심지를 붙인다. 겉면끼리 맞닿게 겹친 뒤 중간에 창구멍을 남기고 테두리를 한번에 박는다.

**2_** 전체를 뒤집는다. 창구멍에 공예용 와이어를 넣는다.

**3_** 창구멍을 공그르기한다. 그 실로 원단 정가운데를 홈질한 뒤 당겨 매듭짓는다.

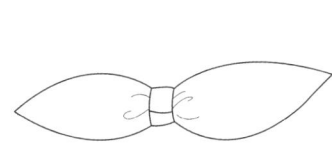

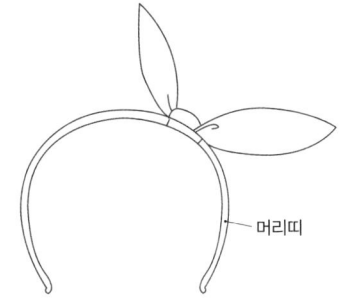

머리띠

**4_** 중간띠 원단을 시접이 가운데 오 게 접는다.

**5_** **4**를 **3**의 홈질한 부분에 감싼 뒤 안쪽에 접착제를 발라 고정한다.

**6_** 머리띠에 붙인다.

Tip. 헤어핀(174 페이지) 리본을 머리띠 에 붙여 사용해도 좋아요.

# 곰돌이 가방

**» page 092**

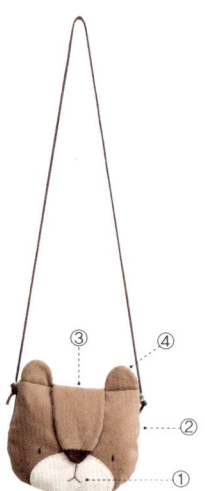

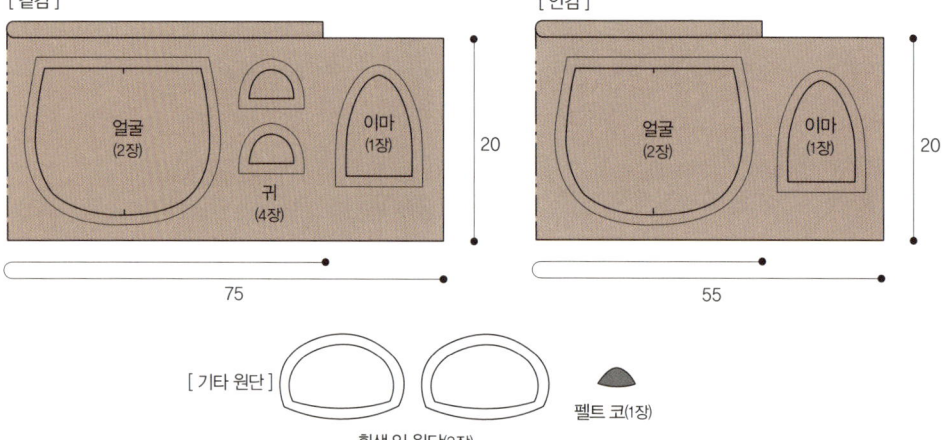

[ 겉감 ]

얼굴
(2장)

귀
(4장)

이마
(1장)

20

75

[ 안감 ]

얼굴
(2장)

이마
(1장)

20

55

[ 기타 원단 ]

흰색 입 원단(2장)

펠트 코(1장)

**[ 재료 ]**
밤색 원단, 아이보리 원단
안감, 펠트지
스트링 100cm
면테이프 10cm, 색실
스냅단추

**[ 사용한 원단 ]**
30수 워싱 옥스퍼드 원단

**[ 만드는 순서 ]**
① 입
② 얼굴
③ 이마
④ 귀

**[ 원단 사용 순서 ]**
입 원단
얼굴 원단
이마 원단
귀 원단

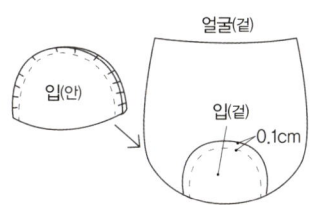

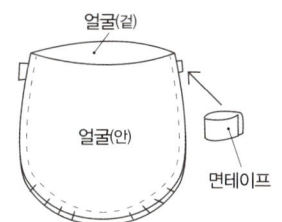

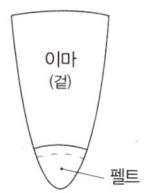

1_ 입 원단 2장을 겉면끼리 맞닿게 겹쳐놓는다. 둥근 바깥선만 박은 뒤 가위집을 넣고 뒤집는다. 얼굴 겉감 원단 1장 위에 덧대어 위에서 0.1cm 떨어진 위치에 상침질한다.

2_ 얼굴 겉감 2장을 겉면끼리 맞닿게 겹쳐놓는다. 4cm 면테이프 2장을 각각 반으로 접는다. 접힌 부분이 안쪽을 향하도록 얼굴 원단 양옆의 2겹 사이에 끼워 넣는다. 얼굴 테두리를 박는다.

3_ 이마 원단 겉감의 겉면 아래쪽에 펠트 코를 덧대어 윗부분만 박는다.

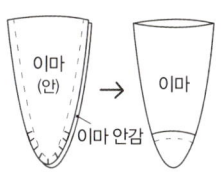

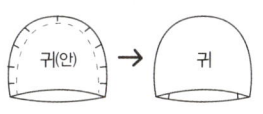

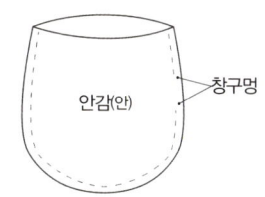

4_ 3의 이마 원단 겉감과 안감을 겉면끼리 맞닿게 겹쳐놓는다. 양 옆선을 박고 가위집을 넣은 뒤 뒤집는다.

5_ 귀 원단을 2장씩 겉면끼리 맞닿게 겹쳐놓는다. 둥근 바깥선만 박은 뒤 가위집을 넣고 뒤집는다.

6_ 얼굴 안감 2장을 겉면끼리 맞대고 창구멍을 6cm 정도 남기고 나머지 부분을 이어 박는다.

7_ 2의 안쪽에 6의 안감을 겉면끼리 맞닿게 집어넣는다. 겉감, 안감 사이 앞쪽에 5의 귀를, 뒤쪽에 4의 이마를 정가운데에 거꾸로 집어넣고 빙 둘러 박는다.

8_ 창구멍을 통해 전체를 뒤집은 뒤 창구멍은 공그르기한다.

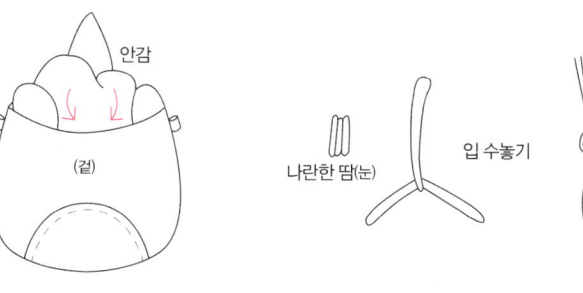

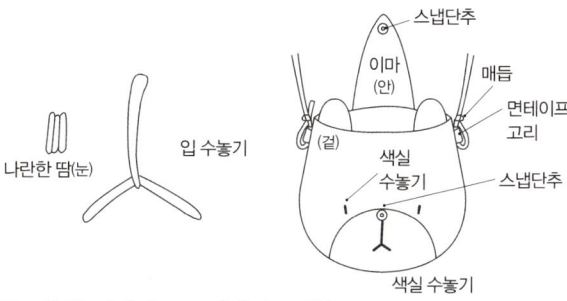

9_ 얼굴 겉감 안에 안감 얼굴 원단을 집어넣은 뒤 다림질한다.

10_ 양옆 면테이프 고리에 스트링을 끼워 묶어주고 앞면에 눈, 코를 수놓는다. 이마를 앞면 쪽에 덮어 겹치는 끝부분에 스냅단추를 단다.

179

# 캔버스 가방

» page **094**

[ 아이보리 원단 ]

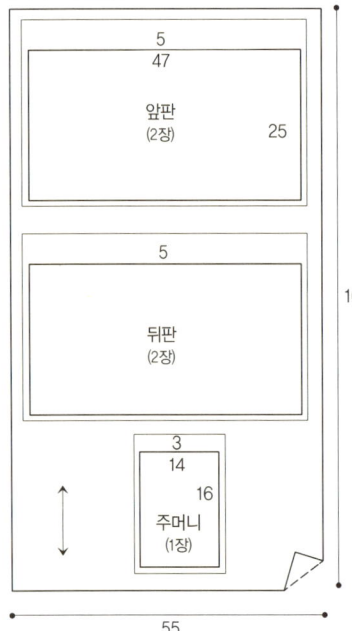

| | |
|---|---|
| 5 | |
| 47 | |
| 앞판<br>(2장) | 25 |

| | |
|---|---|
| 5 | |
| 뒤판<br>(2장) | |

| | |
|---|---|
| 3 | |
| 14 | |
| 주머니<br>(1장) | 16 |

100

55

[ 초록 원단 ]

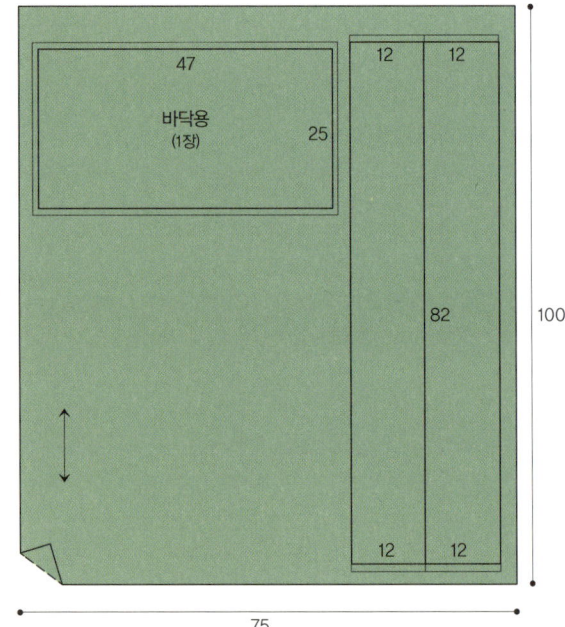

| | |
|---|---|
| 47 | |
| 바닥용<br>(1장) | 25 |

| 12 | 12 |
|---|---|
| | 82 |
| 12 | 12 |

100

75

**[ 재료 ]**

가방용 옥스퍼드 원단

(아이보리/초록)

염색종이

**[ 사용한 원단 ]**

20수 워싱 옥스퍼드 원단

**[ 만드는 순서 ]**

① 가방끈

② 주머니

③ 겉감

④ 바닥

**[ 원단 사용 순서 ]**

가방끈

주머니

앞판, 뒤판

바닥

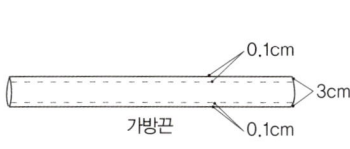

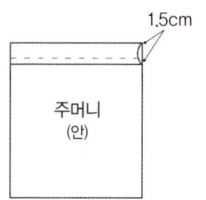

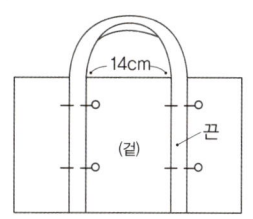

**1_** 가방끈 2장을 각각 3cm씩 4등분해 접은 뒤 위아래 각각 0.1cm 떨어진 위치를 쭉 박는다.

**2_** 주머니 원단 윗부분 시접을 안면 쪽으로 1.5cm 폭으로 2번 접어 박는다.

**3_** 앞·뒤판 겉면에 가방끈을 14cm 간격으로 구부려놓고 시침핀으로 고정한다.

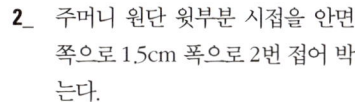

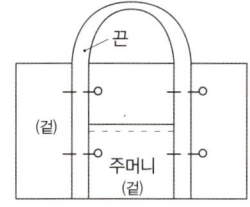

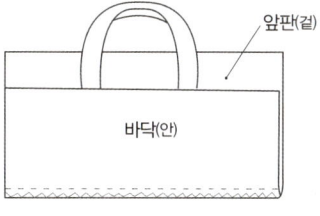

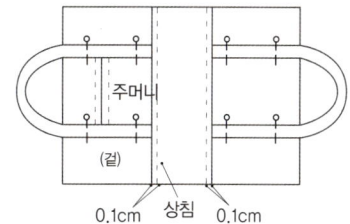

**4_** 앞판에는 덧댄 가방끈 사이에 주머니 원단을 끼워 고정한다.

**5_** 바닥 원단의 양쪽에 앞판과 뒤판을 각각 겉면끼리 겹쳐 연결하고 시접은 오버록스티치한다.

**6_** 5를 펼쳐서 오버록스티치한 안쪽 시접을 바닥 쪽으로 넘긴 뒤 바닥 원단에서 0.1cm 떨어진 위치에 상침질한다.

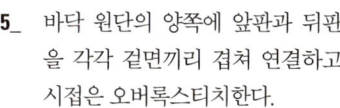

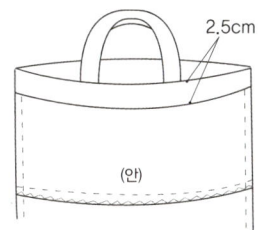

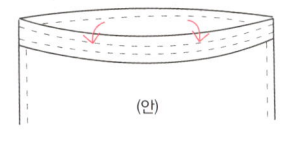

**7_** 안면이 보이게 반을 접어 양 옆선을 박고 오버록스티치한다.

**8_** 윗부분 시접을 안면 쪽으로 2.5cm 폭으로 2번 접는다. 가방끈도 안으로 접어 넣은 뒤 시접 위아래만 박는다.

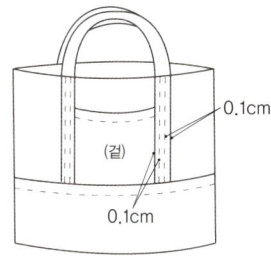

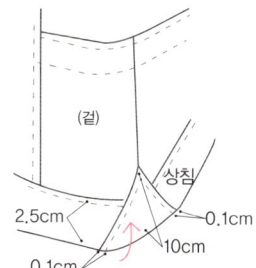

**9_** 겉면이 보이게 뒤집는다. 덧댄 가방끈은 그대로 양끝을 따라 0.1cm 떨어진 위치를 박는다.

**10_** 바닥 양옆 모서리 10cm 정도씩 삼각형 꼭지점이 가방 옆선에 오게 접는다. 삼각형 양면을 0.1cm 안쪽으로 상침질한다. 앞 주머니 부분에 무늬염색을 한다.

# 크로스 가방

» page **095**

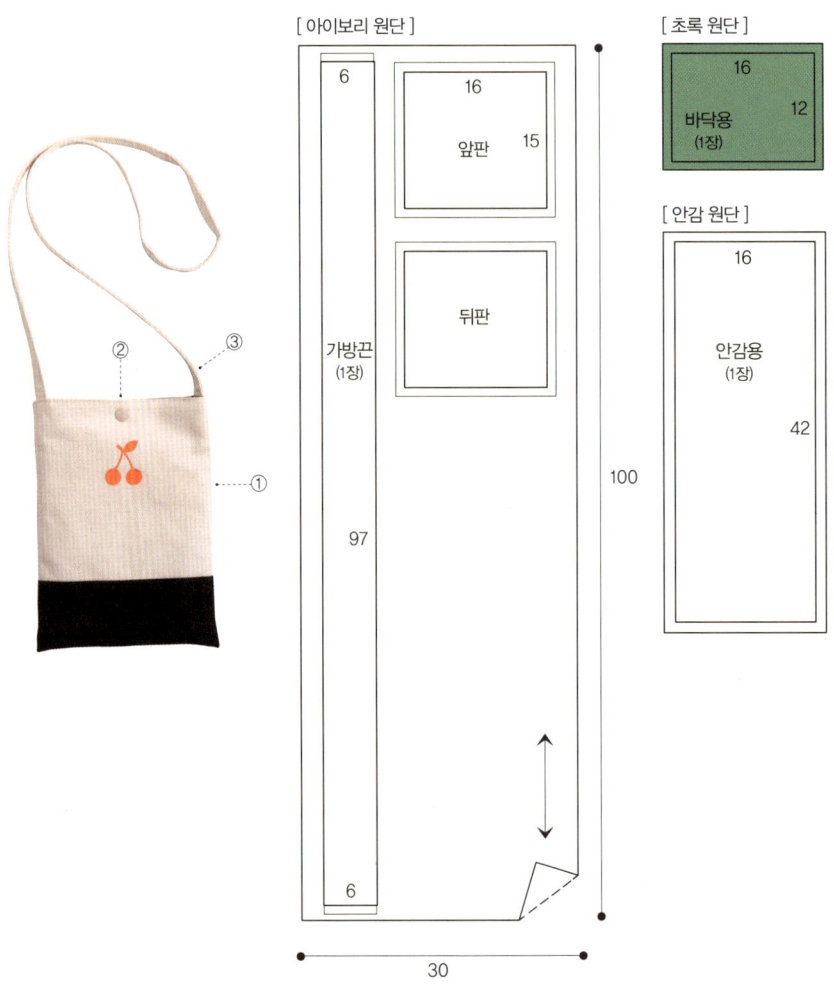

[ 아이보리 원단 ]

6

16

앞판

15

뒤판

가방끈
(1장)

97

100

6

30

[ 초록 원단 ]

16

12

바닥용
(1장)

[ 안감 원단 ]

16

안감용
(1장)

42

**[ 재료 ]**

가방용 옥스퍼드 원단
(아이보리/초록)
염색종이

**[ 사용한 원단 ]**

20수 워싱 옥스퍼드 원단

**[ 만드는 순서 ]**

① 겉감
② 안감
③ 가방끈

**[ 원단 사용 순서 ]**

앞판, 뒤판, 바닥
안감
가방끈

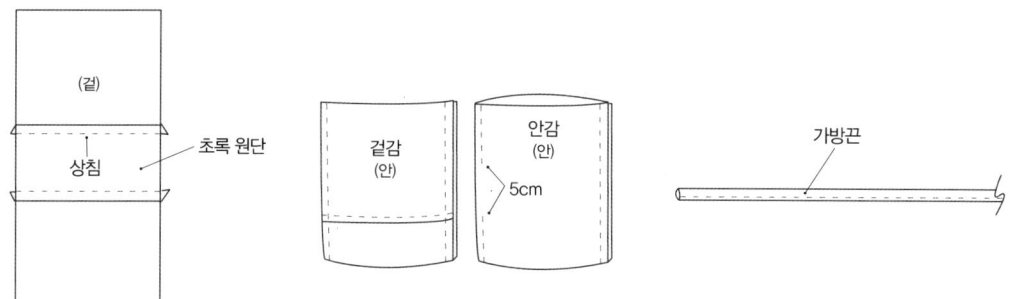

**1_** 앞판과 뒤판 사이에 바닥 원단을 연결한 뒤 겉면에서 상침질한다.

**2_** 안면이 보이게 반 접어 양 옆선을 박는다. 안감은 안면이 보이게 반 접어 한쪽 옆선에만 5cm 정도 창구멍을 남기고 양 옆선을 박는다.

**3_** 가방끈을 약 1.5cm씩 4등분해서 접는다. 아랫선을 따라 박는다.

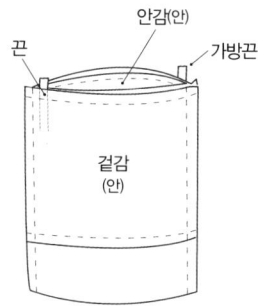

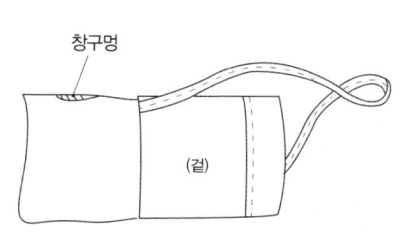

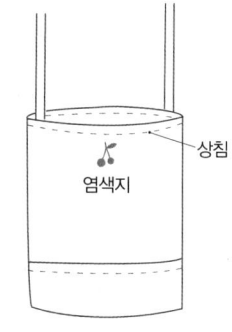

**4_** 겉감 안에 안감을 겉면끼리 맞닿게 넣는다. 그 사이에 가방끈 양끝이 밖으로 향하도록 넣어 도안선을 따라 박는다.

**5_** 창구멍을 통해 전체를 뒤집는다. 창구멍을 공그르기한다.

**6_** 5에서 겉감 위로 붙어 있는 안감을 겉감 안에 집어넣는다. 모양을 잡아 다림질한 뒤 윗부분 테두리를 따라 겉감과 안감을 함께 상침질한다. 앞판 중간에 염색지를 덧대어 무늬염색해준다.

# 앞치마

» page **098**

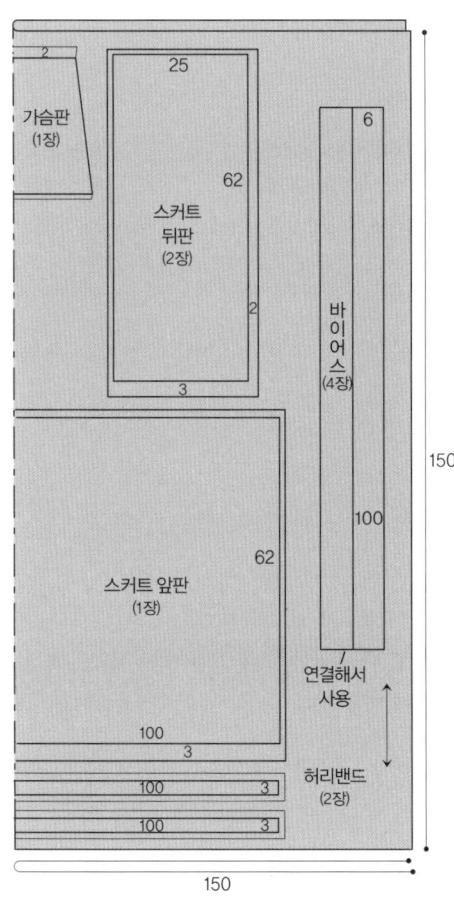

2

가슴판
(1장)

25

62

스커트
뒤판
(2장)

2

3

6

바
이
어
스
(4장)

150

100

62

스커트 앞판
(1장)

연결해서
사용

100

3

100 3

100 3

100 3

허리밴드
(2장)

150

**[ 재료 ]**

리넨 원단

**[ 사용한 원단 ]**

워싱 면 마리넨(감색)

**[ 만드는 순서 ]**

① 가슴판
② 어깨끈
③ 허리밴드
④ 스커트

**[ 원단 사용 순서 ]**

가슴판, 바이어스
허리밴드
스커트

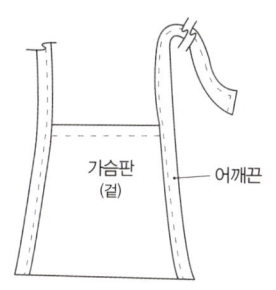

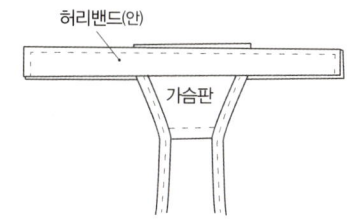

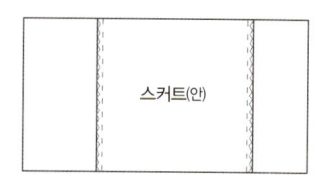

1_ 멜빵 원피스(154페이지) 1~4번을 따라 가슴판과 어깨끈을 연결한다.

2_ 허리밴드 2장을 겉면끼리 맞닿게 겹친다. 1의 가슴판을 거꾸로 돌려 허리밴드 2장 사이에 넣은 뒤 양 허리밴드 옆선과 위쪽을 이어 박는다.

3_ 스커트 앞판의 양옆에 스커트 뒤판 2장을 각각 겹쳐 박는다. 시접은 오버록스티치한다.

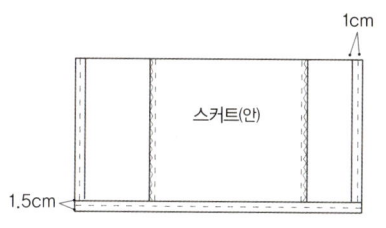

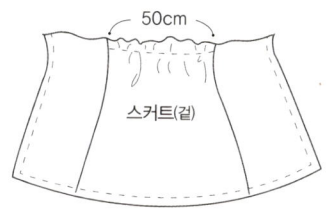

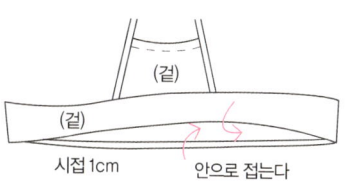

4_ 연결된 스커트의 양옆 시접을 1cm 폭으로 2번 접은 뒤 도안선을 따라 안쪽 끝을 박는다. 아래 시접은 1.5cm 폭으로 2번 접어 도안선을 따라 안쪽 끝을 박는다.

5_ 스커트 앞판 위에서 0.5cm 떨어진 위치에 듬성듬성 홈질해 주름을 만든다. 폭 50cm에 맞춰 실을 당긴다.

6_ 2의 허리밴드 시접을 모두 안으로 접어 넣는다.

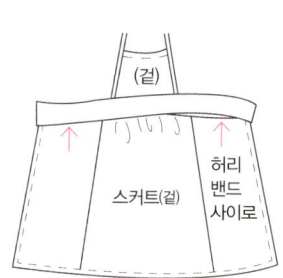

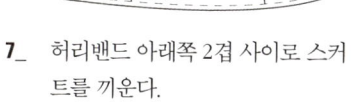

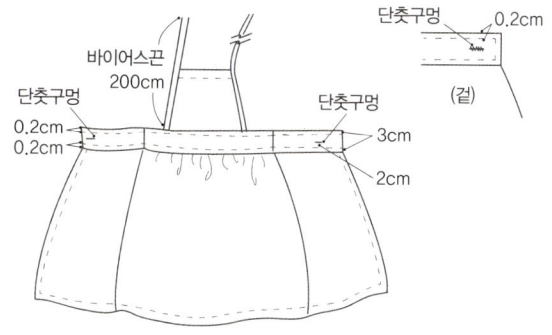

7_ 허리밴드 아래쪽 2겹 사이로 스커트를 끼운다.

8_ 허리밴드 위아래에서 0.2cm 떨어진 위치를 박고 양옆까지 이어 박은 뒤 양 끝에 2cm 길이의 단춧구멍을 가로로 낸다. (113페이지 단춧구멍 만들기 참고)

# 수술 달린 머플러

» page **100**

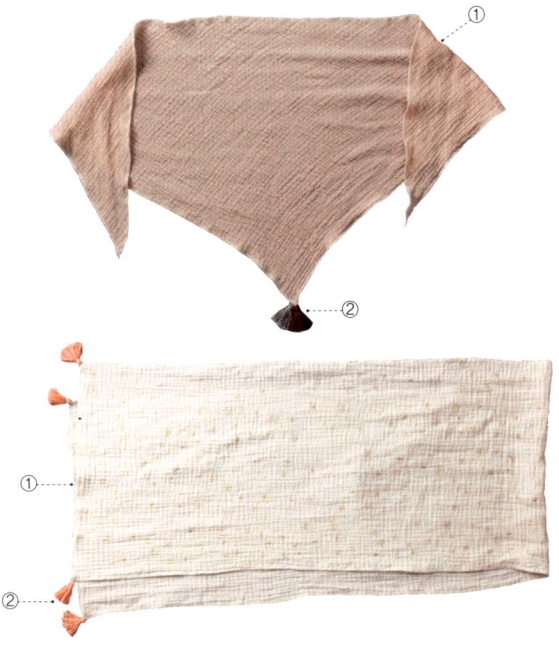

**[ 재료 ]**

머플러용 원단
털실 수술 4개

**[ 사용한 원단 ]**

이중 요루거즈 원단

**[ 만드는 순서 ]**

① 머플러
② 털실 수술

**[ 원단 사용 순서 ]**

머플러 원단

※ 삼각 머플러는 삼각형 모양으로 재단한 뒤 같은 방법으로 만들어요.

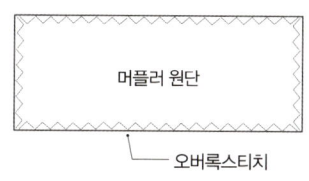

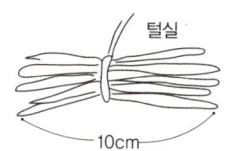

텔실

10cm

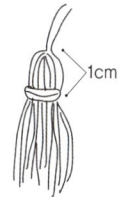

1cm

**1_** 원단 사방 테두리를 오버록스티치한다.

Tip. 오버록스티치 대신 사방 테두리를 0.5cm 폭으로 2번 접어 박아도 좋아요.

**2_** 텔실을 10cm 정도 폭으로 20번 정도 왔다갔다하며 감는다. 가운데를 텔실로 2번 감아 묶어준다.

**3_** 2번에서 가운데에 감은 텔실에 맞춰 접는다. 아래로 1cm 떨어진 위치에 가운데를 감은 텔실로 3번 감고 묶는다. 텔실 끝은 가위로 깔끔하게 잘라 정리한다.

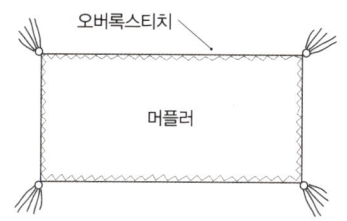

**4_** 네 모서리에 텔실 수술을 바느질해 연결한다. (35cm 내외)

목에 부드럽게
착 감기는 느낌!

# 주름 넥케이프
» page 102

**[ 재료 ]**
원단
폭 1cm 리본테이프 80cm

**[ 사용한 원단 ]**
40수 면 원단
망사 원단

**[ 만드는 순서 ]**
① 넥케이프
② 리본테이프

**[ 원단 사용 순서 ]**
넥케이프 원단
리본테이프

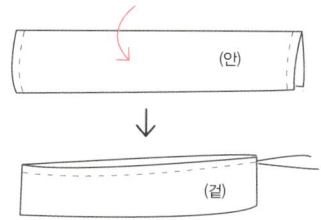

(안)

↓

(겉)

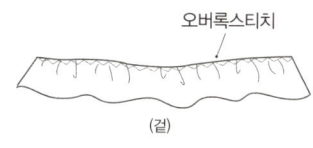

오버록스티치

(겉)

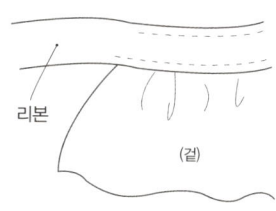

리본

(겉)

**1_** 원단을 겉면끼리 맞닿게 가로로 반 접는다. 양 옆선을 박고 뒤집는다. 윗부분을 듬성듬성 홈질한 뒤 실을 당겨 원하는 길이에 맞춰 고정한다.

**2_** 주름을 넣은 끝부분을 따라 오버록스티치한다.

Tip. 주름 끝부분을 오버록스티치하면 주름 모양이 변하지 않아요.

**3_** **2**의 오버록스티치한 부분 위에 리본테이프를 겹쳐놓고 위아래를 겹쳐 박는다.

# 둥근칼라 넥케이프

» page **104**

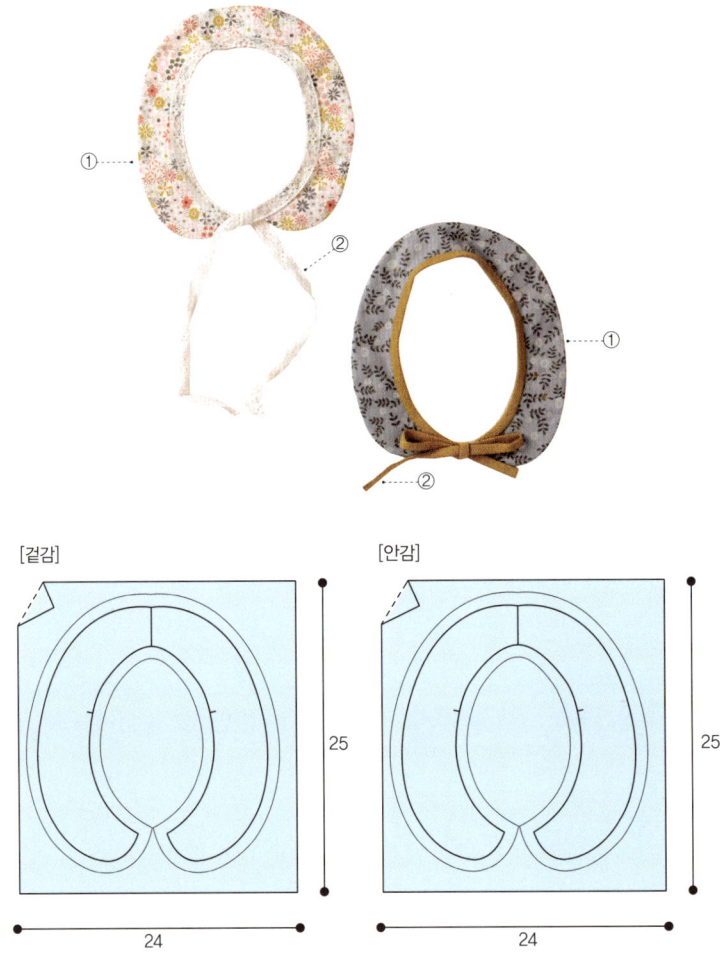

[겉감]

25

24

[안감]

25

24

**[ 재료 ]**

겉감
안감
바이어스 테이프

**[ 사용한 원단 ]**

30수 면 원단
레블론 원단

**[ 만드는 순서 ]**

① 넥케이프
② 바이어스 테이프

**[ 원단 사용 순서 ]**

겉감, 안감
바이어스 테이프

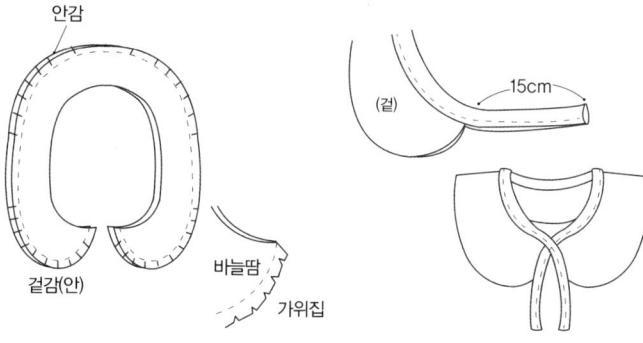

안감

겉감(안)

바늘땀

가위집

15cm

(겉)

**1_** 겉감과 안감을 겉면끼리 맞닿게 겹쳐놓는다. 도안선을 따라 박고 둥근 부분 시접에 가위집을 넣는다.

**2_** 뒤집어 모양을 둥글게 펴서 다림질한다. 바이어스 테이프를 15cm 이상 나오게 안쪽 테두리에 끼운 뒤 쭉 이어 박는다.

# 엄마,
# 오늘 뭐 입지?

1판 1쇄 인쇄 2016년 6월 10일 | 1판 1쇄 발행 2016년 6월 20일

**지은이** 황윤숙
**발행인** 김재호 | **출판편집인 · 출판국장** 박태서 | **출판팀장** 이기숙

**기획 · 편집** 정세영 | **디자인** 김아란 | **도안디자인** 정영경
**사진** 김영주 | **교정** 조창원 | **마케팅** 이정훈 · 정택구 · 박수진
**펴낸곳** 동아일보사 | **등록** 1968.11.9(1-75) | **주소** 서울시 서대문구 충정로 29(03737)
**마케팅** 02-361-1030~3 | **팩스** 02-361-1041 | **편집** 02-361-0936
**홈페이지** http://books.donga.com | **인쇄** 중앙문화인쇄

**저작권** ©황윤숙
**편집저작권** ©2016 동아일보사

**ISBN** 979-11-87194-14-9  13590 | **값** 16,000원

이 도서의 국립중앙도서관 출판예정도서목록(CIP)은 서지정보유통지원시스템
홈페이지(http://seoji.nl.go.kr)와 국가자료공동목록시스템(http://www.nl.go.kr/kolisnet)에서
이용하실 수 있습니다.(CIP제어번호: CIP2016014033)